职业技能等级认定培训教材

网约配送员

（高级）

孟续铎　李显　荀彬　主编

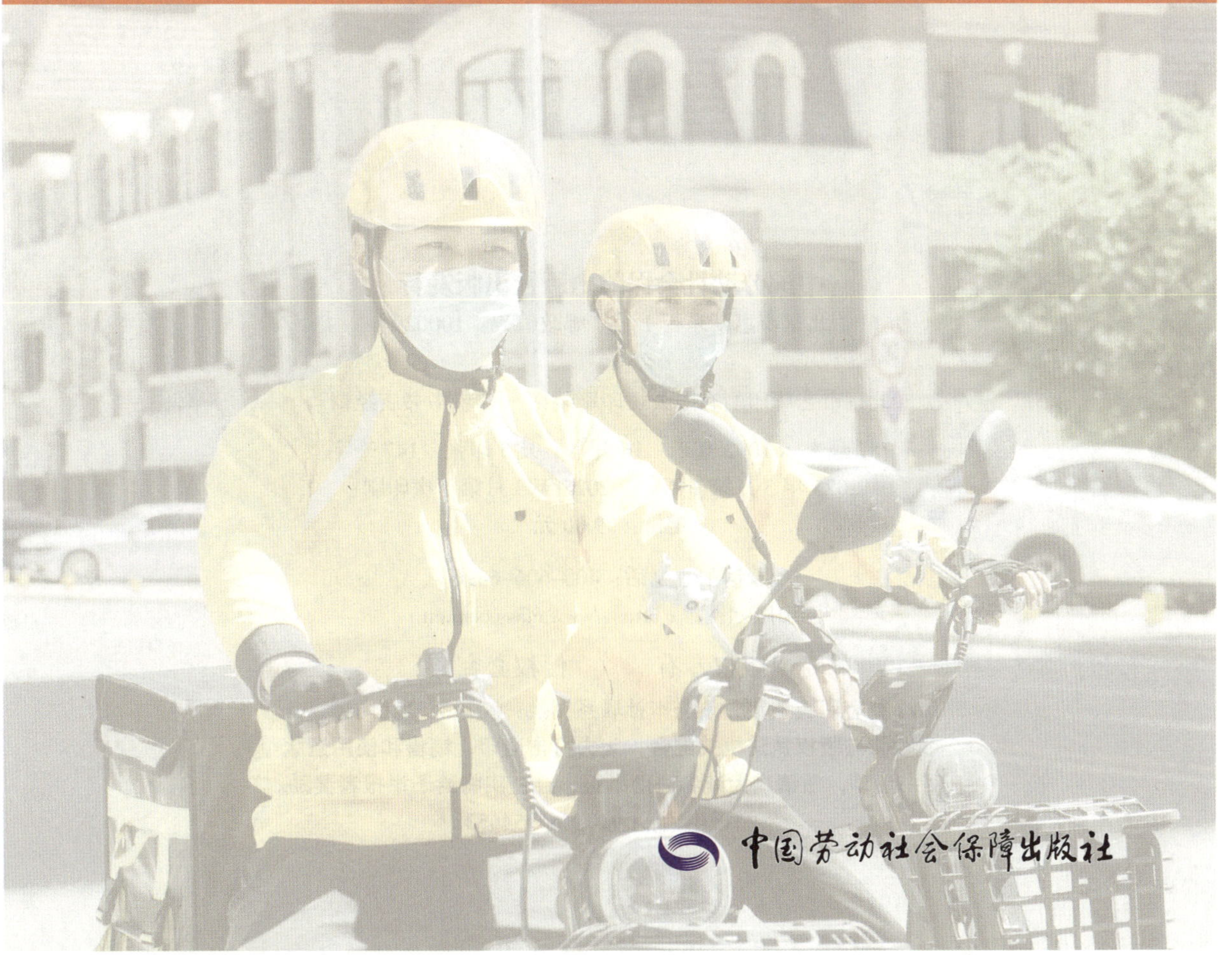

中国劳动社会保障出版社

图书在版编目（CIP）数据

网约配送员：高级/孟续铎，李显，荀彬主编. — 北京：中国劳动社会保障出版社，2025. — （职业技能等级认定培训教材）. — ISBN 978-7-5167-6814-3

Ⅰ. F252.14

中国国家版本馆 CIP 数据核字第 20259FS250 号

中国劳动社会保障出版社出版发行

（北京市惠新东街 1 号　邮政编码：100029）

*

北京市艺辉印刷有限公司印刷装订　　新华书店经销
787 毫米 ×1092 毫米　16 开本　9.25 印张　147 千字
2025 年 3 月第 1 版　2025 年 3 月第 1 次印刷

定价：29.00 元

营销中心电话：400-606-6496

出版社网址：https://www.class.com.cn

版权专有　　侵权必究

如有印装差错，请与本社联系调换：（010）81211666
我社将与版权执法机关配合，大力打击盗印、销售和使用盗版图书活动，敬请广大读者协助举报，经查实将给予举报者奖励。

举报电话：（010）64954652

本书编审人员

主　编　孟续铎　李　显　荀　彬

编　者　王建辉　赵　星　赵　雪　邱礼盟　傅天马
　　　　胡文君　谢立天　冯乃武　陈欣彤

前　言

为加快建立劳动者终身职业技能培训制度，全面推行职业技能等级制度，推进技能人才评价制度改革，进一步规范培训管理，提高培训质量，有关专家根据《网约配送员国家职业技能标准（2021年版）》（以下简称《标准》）和职业培训包课程规范编写了网约配送员职业技能等级认定培训系列教材（以下简称等级教材）。

网约配送员等级教材紧贴《标准》和职业培训包课程规范要求编写，内容上突出职业能力优先的编写原则，结构上按照职业功能模块分级别编写。该等级教材共包括《网约配送员（基础知识）》《网约配送员（初级）》《网约配送员（中级）》《网约配送员（高级）》《网约配送员（技师 高级技师）》5本。《网约配送员（基础知识）》是各级别网约配送员均需掌握的基础知识，其他各级别教材内容分别包括各级别网约配送员应掌握的理论知识和操作技能。

本书是网约配送员等级教材中的一本，是职业技能等级认定推荐教材，也是职业技能等级认定题库开发的重要依据，已纳入职业培训包教材资源，适用于网约配送员职业技能等级认定培训和中短期职业技能培训。

本书在编写过程中得到美团（北京三快在线科技有限公司）的大力支持与协助，在此一并表示衷心感谢。

目录 CONTENTS

培训模块一　订单接收与验视 ·· 1
　培训项目 1　接单前准备 ·· 3
　培训项目 2　订单收取 ·· 11
　培训项目 3　订单核对 ·· 16
　培训项目 4　接单后处理 ··· 21

培训模块二　订单配送 ·· 27
　培训项目 1　配送前准备 ··· 29
　培训项目 2　配送服务 ·· 34
　培训项目 3　配送后处理 ··· 40

培训模块三　安全与质量管理 ·· 45
　培训项目 1　公共安全防护 ·· 47
　培训项目 2　管理安全防护 ·· 54

培训模块四　异常管理 ·· 61
　培训项目 1　客诉处理 ·· 63
　培训项目 2　异常订单处理 ·· 69
　培训项目 3　应急处理 ·· 86

培训模块五　客户服务与开发 ·· 95
　培训项目 1　客户服务 ·· 97
　培训项目 2　客户开发 ·· 102
　培训项目 3　客户维护 ·· 111

培训模块六　管理培训 ·· 119
　　培训项目1　团队组建 ·· 121
　　培训项目2　培训指导 ·· 130

培训模块 一
订单接收与验视

培训项目1　接单前准备
培训项目2　订单收取
培训项目3　订单核对
培训项目4　接单后处理

培训项目 1 接单前准备

培训单元1　配送车辆问题处理

1. 了解配送车辆问题的相关知识。
2. 掌握配送车辆问题的处理方法。
3. 掌握站长处理配送车辆问题的流程与步骤。

一、站长

站长是指对配送团队做整体管理、数据监控的中高层管理人员，主要负责统筹站内事务，包括行政管理、绩效分析、数据监控、配送问题解决、订单调度、人员管理，以及上传下达等工作。

二、配送车辆问题的类型

配送车辆问题主要分为以下几类。

1. 配送车辆的电瓶电量不足

（1）电瓶老化。电瓶长时间使用，会逐渐老化，容量下降，导致储存的电量不足以支撑配送车辆启动和运行。

（2）配送车辆停放时间过长。如果配送车辆长时间停放未使用，电瓶可能因为自然放电而导致电量不足。

（3）电瓶管理系统故障。配送车辆的电瓶管理系统故障，如充电系统故障、电瓶保护系统故障等，导致电瓶无法正常充电或储存电量。

2. 配送车辆被扣留

（1）交通违法行为。如果配送车辆涉嫌交通违法行为，如超速、闯红灯、违法停车等，交通警察或相关执法部门有权扣留配送车辆。

（2）没有合法证件。如果配送车辆没有车辆营运证或保险等合法手续，也有可能被相关执法部门扣留。

（3）其他违法行为。除了交通违法行为外，如果配送车辆涉嫌其他违法行为，如运输非法货物等，有可能被相关执法部门扣留。

3. 配送车辆故障

（1）维护保养不当。不及时更换磨损的零件、缺乏定期保养和检查等，会导致配送车辆故障。

（2）长时间使用。配送车辆长时间使用，可能导致零件过度磨损，从而引发配送车辆故障。

（3）恶劣的驾驶条件。在恶劣的驾驶条件下驾驶，如大雨、雪、冰冻路面等，会增加配送车辆故障的风险。

（4）超载。超载会给配送车辆带来过重的负荷，可能导致各种零件损坏或故障。

（5）零件质量问题。有时候配送车辆故障是因为零件本身的质量问题，如制动系统故障、电气故障等。

（6）操作不规范。不按照配送车辆操作手册进行规范操作，如紧急刹车、急启动等，都可能导致配送车辆故障。

（7）突发事件。一些突发事件，如事故、碰撞等，可能导致配送车辆故障。

4. 配送车辆钥匙丢失

配送车辆钥匙丢失可能对配送时间造成不良影响。此外，配送车辆钥匙丢失也可能增加配送车辆和配送物品的风险。因此，一旦发现配送车辆钥匙丢失，应该立即采取措施，减少潜在风险。

5. 配送车辆发生交通事故

配送车辆发生交通事故是指在配送过程中，配送车辆与其他车辆、行人或障碍物发生碰撞或其他意外情况。

三、配送车辆问题的处理方法

1. 配送车辆的电瓶电量不足的处理方法

如果配送车辆的电瓶电量不足，要及时更换电瓶。

2. 配送车辆被扣留的处理方法

如果配送车辆被扣留，首先，与相关执法部门沟通，了解配送车辆被扣留的具体原因和相关要求。根据扣留原因，提供相关的证明文件，如车辆营运证、保险证明、货物运输凭证等。其次，向相关执法部门做出合理解释，并积极协商解决方案，如缴纳罚款、补齐手续等。如果认为配送车辆被扣留不合理，可以尽快寻求法律援助，咨询专业的律师或法律援助机构，维护自身权益。

3. 配送车辆故障的处理方法

（1）确保网约配送员和配送车辆的安全，将配送车辆移至紧急停车带、应急车道或离车流较远的地方。检查配送车辆是否有明显的故障标志，如故障灯亮、异常噪声或烟雾等。尽量确定故障部件，如电动机、轮胎、制动系统等。

（2）当配送车辆故障时，要及时更新配送信息。如果配送车辆无法按时到达配送地址，及时与相关客户或站长沟通，并提供准确的配送信息和预计的延误时间。

4. 配送车辆发生交通事故的处理方法

（1）确保安全。在配送车辆发生交通事故后，首要任务是确保人员安全和交通畅通。如果可能，将配送车辆移至安全位置，以避免二次事故。

（2）及时拨打交通事故报警电话（如122），报告交通事故，提供准确的交通事故地点、时间和相关信息，以便交通警察能够快速到达交通事故现场。

（3）如果有人员受伤，应采取急救措施，保障受伤人员的生命安全。等待医疗救援人员到达交通事故现场，并配合他们的工作。

（4）保留证据。如果可能，保留证据。例如，通过拍照或录视频，记录交通事故现场，包括配送车辆损坏情况、道路条件等。这些证据可能在后续的保险理赔或法律程序中起重要作用。

四、站长处理配送车辆问题的流程与步骤

1. 及时通知客户

一旦出现配送车辆问题，站长应立即与客户联系，并告知配送可能延迟。通过

及时沟通，可以减少客户投诉，并制定解决方案，如安排其他网约配送员接单等。

2. 实时跟踪订单

站长通过网络平台，实时跟踪订单。当出现配送车辆问题时，站长可以通过网络平台查看订单的信息，并采取应对措施。

3. 合理调度订单

如果配送车辆无法立即修复，站长可以安排其他网约配送员接单。通过合理的订单调度，最大程度地减小对客户的影响，保证订单顺利完成。

4. 采取补偿措施

对于配送车辆问题引起的配送延迟或其他问题，站长可居中协调，以弥补客户的损失。

5. 持续改进和优化

站长应该定期分析和评估配送车辆问题对订单配送的影响，并根据客户反馈和数据进行持续改进和优化。通过识别常见问题和痛点，不断提升服务质量和客户体验。

五、注意事项

1. 网约配送员要及时检查配送车辆的充电系统和电瓶保护系统，定期保养和维护配送车辆的电瓶，尽量延长使用寿命和增强稳定性。

2. 网约配送员应该严格遵守交通法规和相关规定，并定期检查配送车辆的合法性和运行状态。

3. 为了减少配送车辆问题，网约配送员要定期对配送车辆进行维护保养，并按照制造商的建议，更换零件。此外，还应遵守交通法规，合理驾驶，避免超载和长时间连续驾驶。

技能　处理配送车辆问题

一、操作准备

准备智能手机、充电宝，且智能手机、充电宝的电量充足。准备配送车辆。

二、操作步骤

1. 网约配送员处理配送车辆问题的流程

步骤1：网约配送员及时对配送车辆问题拍照或拍视频留存证据。

步骤2：网约配送员通过发微信或打电话联系站长，报备配送车辆问题。

步骤3：当发生交通事故时，网约配送员应及时报警。

2. 站长处理配送车辆问题的流程

步骤1：当网约配送员可以继续配送时，站长进入网络平台，点击"忙碌"按钮，网约配送员恢复上线状态，继续完成配送；当网约配送员无法继续配送时，站长进入网络平台，点击"收工"按钮，网约配送员结束配送。

步骤2：站长根据配送车辆问题的严重性，判断是否改派订单。如果站长预判配送延迟，及时联系客户说明情况。

步骤3：如果配送车辆问题造成餐品损坏，站长联系客户告知实情；如果客户仍需要餐品，联系商家，再备一份餐品；如果客户不需要餐品，取消订单，联系商家退单。

步骤4：如果配送车辆问题严重，或网约配送员无法自行解决配送车辆问题，站长尽快赶到现场，协助处理。

步骤5：如果网约配送员谎报配送车辆问题，站长记录，在月底计入网约配送员考核。

培训单元2　排班计划制订和出勤管理

1. 了解排班计划制订和出勤管理的相关知识。
2. 掌握排班计划制订的流程与步骤。
3. 掌握出勤管理的流程与步骤。

一、排班计划制订

排班是一个复杂的问题,需要综合考虑多种因素,包括配送需求、网约配送员资源、配送路线等。通过科学合理地制订排班计划,可以提高配送效率,降低运营成本,并提升网约配送员和客户的满意度。当然,需要根据具体情况和数据,调整和优化排班计划。

二、出勤管理

出勤管理是指对网约配送员在工作期间的考勤、排班、异常情况处理、监管与考核等方面进行管理和统筹安排,以确保网约配送员按时到岗,并完成配送任务。出勤管理主要包括以下内容。

1. 考勤管理

网约配送员需要按照规定的时间和方式,进行考勤打卡,记录上下班时间和工作时长,可以使用移动设备或刷卡机等进行考勤打卡。

2. 排班管理

根据配送需求和网约配送员的工作时间限制,考虑每日的订单量、网约配送员的工作能力和工作时间等因素,进行合理排班。

3. 异常情况处理

对于网约配送员病假、事假、调休等无法按时到岗的异常情况,需要按照相应的规定进行处理,如提前请假、补班等。

4. 监管与考核

通过监控系统、定位软件等对网约配送员的工作状态进行监管,并根据工作表现进行考核。

技能　制订排班计划和进行出勤管理

一、操作准备

准备智能手机、充电宝，且智能手机、充电宝的电量充足。准备配送车辆。

二、操作步骤

1. 制订排班计划

步骤 1：收集数据。收集历史订单数据、网约配送员工作时间及休假情况等相关数据，作为制订排班计划的依据。

步骤 2：分析订单量。通过对历史订单数据的分析，了解不同时间段的订单量高峰和低谷，确定高峰时段和平峰时段。

步骤 3：评估人力需求。根据配送需求和订单量分析结果，评估各个时间段所需的网约配送员数量，考虑各个时间段的订单量、网约配送员的工作能力和工作时间等因素。

步骤 4：考虑网约配送员的异常情况。考虑网约配送员的工作时间、休息时间和调休情况等，确保网约配送员工作和生活平衡。

步骤 5：制订排班计划。根据历史订单数据，考虑高峰时段和平峰时段，并结合站点运力，设置合理班次，制订排班计划，包括每日的工作时间、工作量、休息时间等，设置如早班保障班、中班冲单班、晚班加油班、夜宵安全班等。

步骤 6：优化配送路线。结合配送需求和配送地址，优化网约配送员的配送路线，确保高效配送，并尽量减少空驶时间。

步骤 7：调整与优化排班计划。根据实际情况和反馈，对排班计划进行调整与优化。根据订单量和网约配送员的实际表现，及时调整网约配送员的工作时间和人数配比，以提高配送效率和服务质量。

步骤 8：通知与确认。将排班计划通知网约配送员，并确保网约配送员对排班计划有清晰的了解。

2. 进行出勤管理

步骤 1：管理考勤。网约配送员每月出勤 26 日，每日需完成一定的订单量，尤其是在高峰时段，订单量不能少于 5 单。

步骤 2：处理异常情况。网约配送员请假需要提前 1 日通知站长，每月可休息 4 日。站长按照当日出勤情况排班，保证运力稳定，错峰休假。

步骤 3：考核绩效。站长对网约配送员的工作绩效进行考核，包括配送时效、订单处理质量、客户评价等因素。通过绩效考核，可以了解网约配送员的工作表现，并给予相应的奖励或惩罚。

培训项目 2 订单收取

培训单元1　订单收取路线设计

1. 了解订单收取路线的相关知识。
2. 掌握订单收取路线设计的相关知识。
3. 掌握订单收取路线设计的流程与步骤。

一、订单收取路线

订单收取路线是指通过合理规划路线和有效引导方向，帮助网约配送员解决在收取订单时的找路问题，从而保障其安全和提升配送体验。

二、订单收取路线设计

订单收取路线设计是指为网约配送员规划最优的订单收取顺序和订单收取路线的过程。它的目标是通过合理的规划，使网约配送员高效地完成配送，缩短配送距离和配送时间，提高配送效率和提升客户满意度。

在配送过程中，订单收取是非常关键的步骤。在设计订单收取路线时，需要考虑以下因素。

1. 地理位置

根据网约配送员的地理位置和订单的分布情况，设计订单收取路线，使网约配送员方便快捷地收取订单。

2. 交通状况

选择不拥堵的道路和交叉口，以缩短网约配送员收取订单的时间。

3. 网约配送员密度

根据网约配送员的数量和地理位置，合理设计订单收取路线，确保每个网约配送员的订单量均衡。

通过合理设计订单收取路线，可以最大程度地提高配送效率和订单处理速度，从而提高整体配送服务的质量。

技能　设计订单收取路线

一、操作准备

准备智能手机、充电宝，且智能手机、充电宝的电量充足。准备配送车辆。

二、操作步骤

步骤1：收集数据。收集相关的订单信息，包括客户的地理位置、订单收取点、交通状况等。

步骤2：分配订单。按照排班计划，将订单分配给网约配送员。

步骤3：选择算法。根据实际情况，选择适合的路线规划算法。常用的路线规划算法包括最短路径算法、最优路径算法等，可以根据配送需求和实际情况进行选择。

步骤4：优化路线。基于收集的数据和选择的算法，对订单收取路线进行优化。优化目标可以是最短时间、最短距离或者最少交通拥堵等。根据优化目标优化订单收取路线。

步骤5：实时更新。由于订单是实时变化的，根据订单的变化，实时更新订单收取路线。

步骤6：分配路线。根据网约配送员的地理位置和订单收取点，将订单合理地分配给附近的网约配送员。可以根据优化后的订单收取路线进行分配，提高配送效率和提升客户满意度。

步骤 7：导航路线。在接收订单后，将优化后的订单收取路线通过导航展示给网约配送员。网约配送员可以按照导航指引，完成订单收取，如图 1-1 所示。

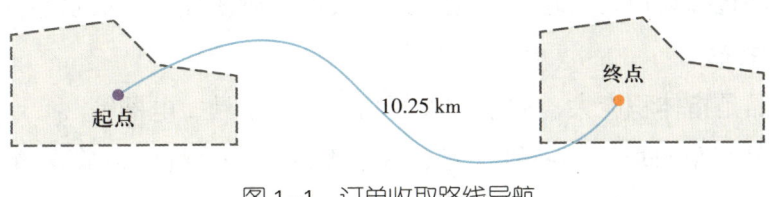

图 1-1　订单收取路线导航

培训单元 2　特殊物品订单收取

1. 了解特殊物品的相关知识。
2. 掌握特殊物品订单收取的相关知识。
3. 掌握特殊物品订单收取的流程与步骤。

一、特殊物品

特殊物品是指在生活和商业配送中需要特殊注意和处理的物品。

1. 易碎品

易碎品包括玻璃制品、陶瓷制品、镜子等容易破碎的物品。

2. 液体

液体是指可能泄漏或溢出的物品，如饮料、油漆、化学品等。

3. 易腐品

易腐品包括食品、鲜花、草药等容易腐烂或变质的物品。

4. 有毒品

有毒品是指含有有毒物质或化学品，具有一定危害性的物品。

5. 异味物品

异味物品包括动植物、垃圾、化学品等会产生刺激性气味的物品。

6. 大件物品

大件物品是指体积庞大、质量较大的物品，如家具、电器等。

特殊物品订单收取需要特别注意包装、配送的安全性，以确保特殊物品订单收取安全。

二、注意事项

1. 安全性

特殊物品可能具有一定的危险性或安全风险，在收取特殊物品订单时，要确保自身和他人的安全。根据特殊物品的性质，采取相应的防护措施，如佩戴手套、眼镜等。

2. 包装完好

特殊物品通常需要进行特殊包装，以保护特殊物品不被损坏。在收取特殊物品订单时，需要检查包装是否完好。如果包装损坏或泄漏，应妥善处理，确保特殊物品订单收取安全。

3. 标识清晰

在特殊物品包装上，应有清晰的标识，包括特殊物品的名称、配送要求、警示标志等，确保网约配送员正确处理和识别特殊物品。

4. 符合法律法规

对于一些特殊物品，可能存在相关的法律法规。在收取特殊物品订单时，要符合相关的法律法规，确保合法性。

5. 妥善保管

收取特殊物品订单后，要妥善保管，防止损坏、丢失或被盗。根据特殊物品的性质，选择合适的存放方法和存放环境，确保其安全性和完整性。

6. 咨询专业人士

对于一些特殊物品，特别是危险品或有毒品等，应咨询专业人士，了解具体的操作方法和注意事项。按照专业人士的建议和指导，确保操作的正确性和安全性。

总之，在收取特殊物品订单时，要注意安全性、合法性和规范性，以确保特殊物品订单收取安全。如果有需要，可以向相关机构、专业人士或相关执法部门咨询。

技能　收取特殊物品订单

一、操作准备

准备智能手机、充电宝，且智能手机、充电宝的电量充足。准备配送车辆。

二、操作步骤

在接单前，确认订单详情和备注（如尺寸、质量、预计送达时间等），考虑自身能力和目前订单情况。在接单后，不能以特殊物品太大、太重为由，取消订单，否则视为恶意取消订单。

步骤1：上门收取特殊物品订单。对于预订单，在规定时间内，到达指定地点，收取特殊物品订单。收取特殊物品订单时，确认配送单号和配送地址，避免错误。

步骤2：使用踏板车收取特殊物品订单时，尽量将特殊物品放在踏板车前部，用橡胶绳绑定，避免特殊物品移动。

培训项目 3　订单核对

培训单元1　特殊物品验视

1. 了解验视的相关知识。
2. 掌握特殊物品验视的相关知识。
3. 掌握特殊物品验视的流程与步骤。

一、验视

验视是指对特定物品进行目视检查或审查,以确认其外观、状态、完整性等方面是否符合标准或要求。验视通常用于判定物品是否符合规定,是否存在损坏或缺陷,以及是否满足操作或运输的安全要求。

在不同的领域和场景中,验视可以有不同的含义和目的。例如,在物流行业中,验视一般是指对物品外包装进行目视检查或审查,以确保物品在运输过程中不会损坏或泄漏。而在安检行业中,验视则是指对行李、包裹或人员进行目视检查或审查,以发现可能存在的安全隐患或违禁品。

总之,验视是一种常见的质量控制方法,用于确保物品的安全性、合规性和可靠性。

二、特殊物品验视

特殊物品验视是指对需要特别注意或具有特殊性质的物品进行目视检查或审查。特殊物品验视包括以下内容。

1. 易腐品验视

易腐品包括食品、生鲜产品等。验视时，需要注意检查其外包装是否完好，有无异常气味、变质迹象等。

2. 易燃易爆品验视

易燃易爆品包括化学品、危险品等。验视时，需要确认其包装是否符合安全要求，有无泄漏、损坏等情况，并遵循相关安全操作规程。

3. 原材料和药品验视

在特定行业中使用的原材料和药品，需要进行严格的验视以确保其质量、纯度等符合标准。

4. 特殊装置或设备验视

特殊装置或设备包括医疗设备、精密仪器等。验视时，需要确认其外观是否完整，有无明显损坏或松动的部件，以及进行必要的功能测试。

5. 重要文件和机密资料验视

重要文件和机密资料包括合同、证书、档案等。验视时，需要仔细检查其完整性、真实性，并进行必要的保密处理。

对于特殊物品验视，通常需要根据特殊物品的性质和行业要求，制定相应的验视程序和标准，以确保特殊物品的安全性、合规性和可靠性。此外，在特殊物品验视时，还需要符合相关法律法规和规范的要求，保证操作的合法性和规范性。

技能　验视特殊物品

一、操作准备

准备智能手机、充电宝，且智能手机、充电宝的电量充足。准备配送车辆。

二、操作步骤

步骤1：接单前验视。网约配送员在接单前查看订单详情，了解特殊物品的特点和配送要求。

步骤2：收取特殊物品订单时验视。在网约配送员到达订单收取点时，与客户确认特殊物品的种类和数量。

步骤3：包装验视。根据需要，网约配送员可以要求客户对特殊物品进行包装或封装，以防止损坏或泄漏。

步骤4：接单后验视。在收取特殊物品订单时，网约配送员应仔细检查特殊物品的外包装是否完好，并核对与特殊物品订单的一致性。

步骤5：配送前验视。网约配送员在配送前再次进行验视特殊物品，如检查是否存在损坏、泄漏等情况。

培训单元2　特殊物品配送

1. 了解配送的相关知识。
2. 掌握特殊物品配送的相关知识。
3. 掌握特殊物品配送的流程与步骤。

一、配送

配送是指将物品从一个地点运送到另一个地点的过程，包括物品的收集、包装、储存、运输以及最终交付的整个过程。配送可以采用多种方式进行，如陆路运输、水路运输、航空运输或者快递服务等。在现代商业和电子商务中，配送是非常重要的环节，确保物品按时、安全地送达。

二、特殊物品配送

特殊物品配送是指将具有一定特殊性质或配送要求的物品进行运输和交付的过程。特殊物品配送包括以下内容。

1. 易碎品配送

易碎品包括玻璃制品、陶瓷制品等容易破碎的物品。对于易碎品，需要采取特殊的包装和保护措施，以确保在配送过程中不会损坏。

2. 高价值品配送

高价值品包括珠宝、艺术品、贵重器材等高价值物品。对于高价值品，需要采取额外的保护措施，如购买保险、密封包装、安全押运等，以确保在配送过程中不会丢失或被盗。

3. 危险品配送

危险品包括易燃品、易爆品、有毒品等具有危险性质的物品。对于危险品，需要符合相关的法规和安全标准，使用专门的配送设备和容器，以确保配送安全。

4. 特殊温度要求物品配送

特殊温度要求的物品包括冷藏品、冷冻品、保温品等，需要在特定温度条件下配送和储存的物品。对于这类物品，需要使用专门的冷链配送设备和仓储设施，以保持适宜的温度。

特殊物品配送通常要求物流公司具有相关经验和专业知识，并遵循特定的操作流程和符合安全标准，以确保特殊物品安全、完整地送达。

三、注意事项

1. 包装和保护

特殊物品在配送过程中容易损坏，因此需要采取特殊的包装和保护措施。根据特殊物品的性质和特点，选择适当的包装材料和包装方法，确保特殊物品在配送过程中不会损坏。

2. 符合相关法规和标准

特殊物品配送可能涉及一些相关的法规和标准，如危险品配送、温度控制等。在配送之前，网约配送员应了解相关的法规和标准，确保配送过程符合相关的法规和标准。

3. 跟踪和监控

在配送过程中，应使用跟踪和监控系统，实时跟踪特殊物品的状态，及时发现异常情况，并采取相应的措施，解决问题，确保特殊物品安全和按时送达。

4. 保险和索赔

对于高价值品，建议客户购买适当的运输保险，以应对意外损失或丢失的风险。

技能操作

技能　配送特殊物品

一、操作准备

准备智能手机、充电宝，且智能手机、充电宝的电量充足。准备配送车辆。

二、操作步骤

步骤1：到达订单收取点。网约配送员按照订单信息和导航指引，到达特殊物品订单收取点。

步骤2：进行验视。网约配送员到达后，对特殊物品进行仔细的验视。检查特殊物品的包装是否完好，是否损坏或泄漏等问题，以确保特殊物品的安全性和完整性。

步骤3：确认特殊物品的性质和配送要求。网约配送员确认特殊物品的性质和配送要求。例如，某些特殊物品可能需要温度控制、保护措施或有其他配送要求。

步骤4：发现问题和评估。如果网约配送员在验视过程中，发现特殊物品存在问题，如特殊物品损坏、违规包装等，记录并评估问题的严重性和影响。

步骤5：提出配送建议。根据网约配送员对特殊物品的验视和问题评估，向客户提出配送建议。例如，建议客户购买包装材料，选择合适的包装方法等，以确保特殊物品在配送过程中的安全性和完整性。

步骤6：沟通和协商。网约配送员向客户提出配送建议后，与客户沟通和协商，以便达成一致意见。客户可以根据网约配送员的建议，做出相应的决策，并与网约配送员协商后续的配送方案。

培训项目 4 接单后处理

培训单元 1　特殊物品防护

1. 了解防护的相关知识。
2. 掌握特殊物品防护的相关知识。
3. 掌握特殊物品防护的流程与步骤。

一、防护

防护是指在配送过程中采取一系列措施来保证物品的完整性、安全性和质量，以确保物品安全、完整地送达。防护旨在防止物品损坏、丢失或污染，同时最大程度地减少在配送过程中的风险和不确定性。

防护包括以下内容。

1. 包装防护

包装防护是指选择适当的包装材料和包装方法，以保护物品免受撞击、挤压、湿气、温度变化等因素的影响。包装防护包括使用泡沫填充物、气囊、纸板箱等增强缓冲性能和抗震性能。

2. 货运工具防护

货运工具防护是指确保配送车辆或船舶具备良好的装载和固定装置，以防止物品在配送过程中移动、倾斜或损坏，包括使用托盘、绑扎带、固定装置等。

3. 温湿度控制

温湿度控制是指对于一些特殊物品，如易腐烂的食品、药品等，需要在配送过程中控制适宜的温度和湿度，以防止物品的质量降低或损坏。

4. 运输安全

运输安全是指选择可靠的物流公司或运输服务提供商，符合相关的法规和标准，以确保物品在配送过程中的安全，包括选择合适的配送路线、监控物品的配送过程、采取防盗措施等。

5. 跟踪和监控

跟踪和监控是指应用技术手段，如 GPS 定位、物联网等，对物品进行实时跟踪和监控，以确保物品安全、按时送达。

二、特殊物品防护

特殊物品防护是指在配送特殊物品时，采取防护措施，以确保特殊物品安全、完整地送达，并满足特定的配送要求和符合标准。特殊物品具有易损性、危险性或高价值，因此需要对于特殊物品采取相应的防护措施。特殊物品防护包括以下内容。

1. 易碎品防护

易碎品如玻璃制品、陶瓷制品等。为了防止易碎品在配送过程中损坏，可以采用加固包装、填充材料、振动隔离装置等，以减少冲击和振动。

2. 液体或化学品防护

液体或化学品如化妆品、清洁剂、涂料等。液体或化学品往往具有腐蚀性、易燃性或毒性，需要使用专门的容器，采取密封措施和防漏措施，以防止液体或化学品泄漏或造成危险。

3. 温度敏感物品防护

温度敏感物品如食品、药品等。对于温度敏感物品，可以使用保温容器，采取冷链配送等措施，以确保温度敏感物品在整个配送过程中保持适宜的温度。

4. 重要文件和贵重物品防护

重要文件和贵重物品如合同、珠宝、艺术品等。对于重要文件和贵重物品，需要采取额外的防护措施，如购买保险、安全押运、视频监控等，以确保重要文件和贵重物品的安全性和可追溯性。

5. 生物医药产品防护

生物医药产品如疫苗、血液制品等。生物医药产品往往需要在特定的温度、湿度和时间范围内配送，并符合严格的质量控制标准和法规要求。

技能　防护特殊物品

一、操作准备

准备智能手机、充电宝，且智能手机、充电宝的电量充足。准备配送车辆。

二、操作步骤

步骤1：了解特殊物品的性质。在接收特殊物品订单前，了解特殊物品的易损性、危险性等性质，并根据这些性质，采取相关的防护措施。

步骤2：适当包装特殊物品。根据特殊物品的性质，选择合适的包装材料进行包装，如使用加固的箱子、泡沫塑料或气泡袋等，以保障特殊物品免受挤压、冲击或摩擦。

步骤3：分类标识。对于不同类型的特殊物品，将其分类，并在外包装上标明特殊物品的性质和配送要求，如"易碎品""化学品"等，以提醒网约配送员谨慎处理。

步骤4：采取防漏措施。对于液体或化学品等可能泄漏的特殊物品，确保包装完整密封，并在外包装上标明"注意防漏"，最大程度地减少泄漏风险。

步骤5：控制温度。对于温度敏感物品，如食品、药品等，根据配送要求，使用保温箱、冷链专用袋等，以保证特殊物品在适宜的温度范围内配送。

步骤6：细心搬运。在搬运特殊物品时，应谨慎，避免摔落或受到冲击，以确保特殊物品的完整性。

步骤7：安全驾驶。网约配送员应严格遵守交通法规，安全驾驶，以减小碰撞和振动对特殊物品的影响。

步骤8：安全交付。在送达时，网约配送员应与客户确认，并拍照上传至App

或微信。

步骤9：及时反馈。如果在配送过程中，特殊物品出现任何问题，网约配送员应及时联系站长进行反馈，以便采取相应的补救措施。

需要注意的是，根据特殊物品的类型和配送要求，具体的防护措施和操作步骤有所不同。站长要根据实际情况，灵活调整防护措施和操作步骤，以确保特殊物品在配送过程中的安全性和完整性。

培训单元2　多次调度订单接收与调配

1. 了解订单调度与调配的相关知识。
2. 掌握多次调度订单接收与调配的相关知识。
3. 掌握多次调度与调配的流程与步骤。

一、订单调度

订单调度是指根据一定的策略和规则，将待处理的订单分配给不同的网约配送员，并安排订单的配送顺序和配送时间，以提高配送效率。订单调度包括运力分配、物流运输、设备利用等，其目标是使订单能够在最短的时间内被接收，并尽可能地降低成本和提升客户满意度。根据行业和组织的需要，具体的订单调度策略和规则有所不同。

二、订单调配

订单调配是指根据一定的策略和规则，将订单分配给不同的网约配送员，完成最终配送。订单调配的目标是合理分配和优化订单，确保订单按时、准确地送达，实现供需平衡，降低成本，提升客户满意度和提高交付准时率。通过合理的订单调配，可以最大程度地提高配送效率和资源利用率。

三、多次调度订单接收与调配

多次调度订单接收与调配是指各种原因导致订单需多次调度和重新分配的情况。这可能因为供需变化、配送延迟等，而需要对订单进行多次调度和重新分配。多次调度订单接收与调配的流程通常包括以下内容。

1. 初始调度

根据配送需求和网约配送员的情况，初步进行订单的调度和分配。

2. 实时调度

根据实际情况和实时数据，实时进行订单调度和分配。

3. 反馈与优化

根据订单进度和客户反馈，对订单进行评估和优化。

4. 调配订单

当配送出现问题或延迟时，需要调配订单给其他网约配送员，以确保订单按时送达。

5. 跟踪与协调

对调配的订单进行跟踪，确保订单按时送达，并及时处理可能出现的问题。

技能　接收与调配多次调度订单

一、操作准备

准备智能手机、充电宝，且智能手机、充电宝的电量充足。准备配送车辆。

二、操作步骤

步骤1：收集数据。收集相关的订单信息，包括客户的地理位置、订单收取点、交通状况等。

步骤2：分配订单。按照排班计划，将接收的订单分配给网约配送员。

步骤3：接收订单。网约配送员通过App或其他指定的工具接收订单。订单中包括配送地址、联系方式等。

步骤4：分析订单信息。网约配送员仔细阅读和分析每个订单的信息，包括配送时间、配送距离、物品类型，以及配送地址和交通状况等。

步骤5：规划路线。根据订单信息和实际情况，网约配送员使用导航，规划最优的配送路线，包括选择最短路径、避开交通拥堵路段等。

步骤6：调度订单。对无法完成的订单，网约配送员通过App或其他指定的工具发起转单。站长重新分配转单。

步骤7：接收转单。网约配送员通过App或其他指定的工具接收转单。

步骤8：调配订单。当网约配送员同时接收多个转单时，可以对订单进行调配。例如，先配送距离较近的订单，或者根据配送时间配送。

步骤9：再次转单。网约配送员在配送时，综合考虑配送路线、订单的紧急程度、物品性质等因素做出决策。如果无法完成配送，则通过App或其他指定的工具再次发起转单。

步骤10：完成订单。网约配送员按照调配的顺序逐个完成订单配送。在配送过程中，网约配送员确保物品的安全性、准时率和服务质量。

步骤11：反馈和记录。网约配送员在完成每个订单后，通过App或其他指定的工具进行反馈，标记订单的状态（如已送达）。这些信息将被记录下来，用于后续的统计和分析。

培训模块 二
订单配送

培训项目 1　配送前准备
培训项目 2　配送服务
培训项目 3　配送后处理

培训项目 1 配送前准备

培训单元1 运力检核

1. 了解运力检核的相关知识。
2. 掌握配送区域内运力检核的方法。
3. 掌握配送区域内运力检核的流程与步骤。

一、运力检核

运力检核是指通过配送需求分析、配送设备与运力评估、配送网络分析,以及配送服务评估,确定运力是否具备满足配送需求的能力和条件。

二、配送区域内运力检核

配送区域内运力检核是指对一个特定的地理范围内的配送需求和运力进行评估和核查,以确定该区域内的运力是否具备满足配送需求的能力和条件。配送区域内运力检核主要包括以下内容。

1. 配送需求分析

对配送区域内的订单或配送需求进行详细的调查和分析,包括订单量、配送距离、配送时间等。

2. 配送设备与运力评估
评估配送区域内现有的配送设备的数量、类型、状况以及运力情况。

3. 配送网络分析
对配送区域内的配送网络进行分析和评估，包括配送网络的覆盖范围、各个节点之间的连接情况、配送服务的可达性等。

4. 配送服务评估
对配送区域内提供的配送服务进行评估，包括配送的安全性、效率、成本、服务质量等。

通过配送区域内运力检核，可以帮助相关部门或机构了解配送区域内的运力，并根据运力检核结果，制定合理的配送方案和采取改进措施，以提高配送效率，优化运力调配，满足配送区域内的配送需求。

技能　检核配送区域内运力

一、操作准备
准备智能手机、充电宝，且智能手机、充电宝的电量充足。准备配送车辆。

二、操作步骤
步骤1：登录站长端。站长通过App站长端进入管理界面。

步骤2：查看订单状态。站长查看当前所管辖的配送区域内的订单状态，包括待接单、已接单和已完成的订单。

步骤3：检核运力。根据当前的订单量和网约配送员的数量，站长进行运力检核，并合理制订排班计划，包括确定每个网约配送员的配送区域、工作时间和订单量等。

步骤4：分配订单给网约配送员。站长根据运力检核的结果，通过自动分配订单或手动分配订单的方式，分配订单给网约配送员。

步骤5：处理异常情况。网约配送员在配送过程中，可能出现一些异常情况，如无法接单或取消订单。站长需要及时处理异常情况,并重新分配订单给其他网约配送员。

步骤6:监督与协调。站长对网约配送员进行监督和绩效管理,确保网约配送员按时完成配送,并提供必要的支持,协调解决问题。

步骤7:统计与分析。站长对配送区域内的运力进行统计与分析,提高配送效率,优化运力调配。

培训单元2 运力调配

1. 了解运力调配的相关知识。
2. 了解网约配送员和配送车辆调配的相关知识。
3. 掌握根据配送需求调配网约配送员和配送车辆的流程与步骤。

一、运力调配

运力调配是指根据配送需求和运力的匹配程度,在运输、配送过程中动态调度和分配运力。它是一种有效管理运力的方式,旨在提高配送效率、降低成本、提供更好的配送服务。

具体来说,运力调配通常包括以下内容。

1. 需求分析

根据配送需求和订单量等信息,对所需的运力数量进行评估和分析。

2. 运力获取

根据配送需求分析,通过不同渠道获取运力。例如,招聘网约配送员,租赁配送车辆等。

3. 运力分配

按照配送需求，合理分配获取的运力，包括选择配送路线、制订排班计划、确定配送区域等。

4. 运力调整

根据实际情况，动态调整运力，确保运力与配送需求匹配，包括分配订单、调整配送路线、装载仓库货物等。

5. 运力调配优化

通过数据分析等手段，不断优化运力调配，提高配送效率和运力资源利用率。

总之，运力调配是一个复杂的过程，需要综合考虑配送需求、运力、时间成本等因素，以高效完成配送。运力调配在配送过程中起重要作用，能够精准满足配送需求和优化运力调配。

二、网约配送员调配

网约配送员调配是指将网约配送员分配到不同的配送区域或分配不同的订单，以满足配送需求的过程，包括确定网约配送员的工作时间、配送区域等。

三、配送车辆调配

配送车辆调配是指根据配送需求，将配送车辆安排在不同的配送路线上，以确保物品按时送达和满足配送需求，包括确定配送车辆的使用时间、配送路线规划、调度以及维护等方面。

技能　调配运力

一、操作准备

准备智能手机、充电宝，且智能手机、充电宝的电量充足。准备配送车辆。

二、操作步骤

步骤1：接收订单。登录网络平台，实时接收订单。

步骤2：分配订单。根据订单信息，如配送时间、配送地址等，将订单分配给合适的网约配送员。

步骤3：调配网约配送员。根据网约配送员的数量和配送区域，通过算法进行合理的调配，确保每个网约配送员的订单量均衡。

步骤4：调配配送车辆。根据配送需求和配送路线，合理调配配送车辆。考虑交通状况、配送距离等因素，提高配送效率。

步骤5：实时监控。站长实时监控网约配送员和配送车辆的地理位置和工作状态，以便进行调度和管理。

步骤6：处理异常情况。站长应与网约配送员沟通和协调，及时处理异常情况。

培训项目 2 配送服务

培训单元1　配送区域优化

1. 了解订单热力图的相关知识。
2. 掌握根据订单热力图优化配送区域的知识。
3. 掌握根据订单热力图优化配送区域的流程与步骤。

一、订单热力图

订单热力图是一种用于可视化城市数据的图表,通过对城市不同区域的数据进行颜色划分,展示在该区域的某个指标数据,数据越大,颜色越深。订单热力图常用于分析城市的人口密度、房价分布、交通拥堵程度等方面的指标数据。通过订单热力图,可以直观地了解城市的热点区域和冷门区域,帮助决策者做出合理的规划和调整(见图2-1)。

二、根据订单热力图优化配送区域

根据订单热力图优化配送区域是指利用订单热力图对配送区域进行合理划分,以提高配送效率和运力资源利用率。通过分析订单热力图,可以确定哪些区

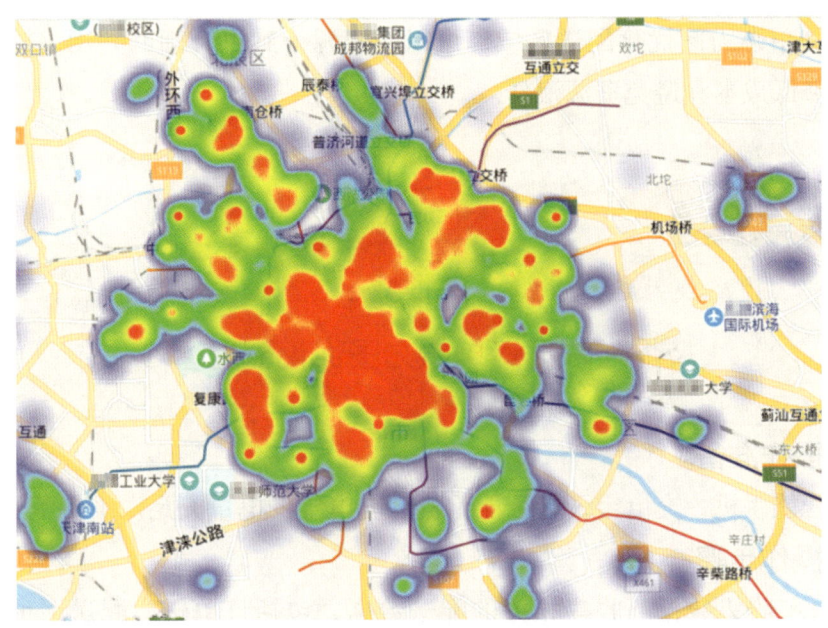

图 2-1 订单热力图

域的配送需求较大,哪些区域的配送需求较小,从而优化配送区域。

具体来说,根据订单热力图优化配送区域包括以下内容。

1. 区域划分

根据订单热力图,将配送区域划分为不同的片区。可以将配送需求较大的区域划分为一个片区,将几个配送需求较小的区域合并为一个片区,以降低成本和提高配送效率。

2. 人员调配

根据配送需求的密集程度,合理调配网约配送员。将更多的网约配送员调配到配送需求较大的区域,确保在高峰时段及时满足配送需求。同时,将网约配送员在配送需求较小的区域进行合理调配,避免资源浪费。

3. 路线规划

根据配送区域划分和配送需求的密集程度,合理规划配送路线,缩短配送距离和配送时间,提高配送效率。采用智能调度系统,根据交通状况和道路情况动态调整配送路线,进一步提高配送效率。

4. 数据分析与改进

收集和分析实际配送过程中的数据,对优化配送区域的效果进行监控和评估。根据数据分析结果,进行调整和改进,进一步优化配送区域,提高配送效率和服务质量。

根据订单热力图优化配送区域，可以使资源得到更合理的利用，提高配送效率，同时降低成本和避免资源浪费。

技能　根据订单热力图优化配送区域

一、操作准备

准备智能手机、充电宝，且智能手机、充电宝的电量充足。准备配送车辆。

二、操作步骤

步骤1：收集数据。收集相关的配送数据，包括订单量、配送地址、配送时间等。

步骤2：生成订单热力图。根据收集的数据，使用数据可视化工具生成订单热力图。城市热力图可以直观地展示不同区域配送需求的密集程度，颜色越深表示配送需求越大。

步骤3：分析订单热力图。根据订单热力图，确定配送需求较大的区域和配送需求较小的区域。

步骤4：优化配送区域。根据分析订单热力图的结果，优化配送区域。

步骤5：实施优化方案。通过试点或者小范围实施优化方案，观察优化效果，并进行调整和改进。

步骤6：监控和评估。在实施优化方案后，进行监控和评估，以确保效果。可以通过配送效率、成本和客户满意度等指标，评估实施优化方案的效果，进一步优化配送区域。

培训单元 2　配送订单调配

1. 了解配送订单的相关知识。
2. 掌握配送订单调配的相关知识。
3. 掌握配送订单调配的流程与步骤。

一、配送订单

配送订单是指根据客户需求，商家或服务提供商将商品或服务送达指定地点的订单。配送订单信息包含了配送地址、商品信息、商品数量、配送价格、付款方式等相关信息。配送订单通常由商家或服务提供商的配送团队负责执行，他们会根据配送订单信息进行商品的收集、打包、运输和配送。通过配送订单，客户可以方便地获取所需的商品或服务，商家或服务提供商可以管理和跟踪配送流程。

二、配送订单调配

配送订单调配是指在配送订单或配送路线发生变化时，对已生成的配送订单进行重新安排或调整的过程。配送订单调配原因主要有以下3种。

1. 出现紧急情况

出现交通拥堵、天气恶劣、配送车辆故障等紧急情况，导致配送订单无法按时完成。此时，需要调配配送订单，根据实际情况，确定新的配送路线或配送时间。

2. 商品数量有误或变动

如果客户需求发生变化，如取消部分商品、增加商品数量或更改配送时间等，也需要调配配送订单。

3. 配送区域调整

如果商家或服务提供商调整了配送区域或扩大了服务范围，需要将配送订单调配到新的配送区域。

三、注意事项

1. 优化配送路线

根据实际情况，优化配送路线，实现成本最小化，提高配送效率。

2. 调整配送时间

根据客户需求和实际情况，调整配送时间。

3. 调整库存

如果商品数量发生变化，需要调整库存，确保有足够的商品可供配送。

通过合理调配配送订单，优化配送流程，提升客户满意度，并确保按时、准确地完成配送。

技能 调配配送订单

一、操作准备

准备智能手机、充电宝，且智能手机、充电宝的电量充足。准备配送车辆。

二、操作步骤

步骤1：接收配送订单调配请求。站长收到客户或网约配送员提出的配送订单调配请求，如配送地址错误、商品缺货、配送延迟等。

步骤2：确认配送订单调配请求。站长与客户或网约配送员联系，确认配送订单调配的具体需求和原因，并核实相关信息的准确性。

步骤3：制定调配方案。站长根据配送订单调配请求，制定调配方案。例如，重新分配配送订单，调整配送顺序，更改配送路线等。

步骤4：对比评估。站长对比不同的调配方案，并评估调配方案的可行性和效果，选择最优调配方案。

步骤5：重新分配配送订单。根据调配方案，站长将配送订单分配给合适的网约配送员。

步骤6：跟踪配送过程。站长通过网络平台，实时跟踪配送过程，确保按时配送。

步骤7：处理异常情况。如果在配送过程中出现异常情况，如配送延迟、商品缺货等，站长需要及时与客户联系，并处理异常情况。

步骤8：完成配送订单调配并确认。网约配送员将配送订单送达后，站长需要与客户确认，并通过网络平台标记配送订单为已完成。

培训项目 3 配送后处理

培训单元1 订单跟踪

1. 了解订单跟踪的相关知识。
2. 掌握不满意订单跟踪的相关知识。
3. 掌握不满意订单跟踪的流程与步骤。

一、订单跟踪

订单跟踪是指通过网络平台，实时了解和跟踪订单的过程，包括从订单生成、支付，到发货、配送和最终送达的全过程。通过订单跟踪，客户可以方便地查看订单的状态，包括订单是否已经确认、是否已经发货及预计送达时间等。同时，通过订单跟踪，商家可以监控订单的处理情况，及时进行配货和物流安排等，提高订单处理效率和服务质量。

二、不满意订单跟踪

不满意订单跟踪是指商家或服务提供商在接收客户反馈后，采取措施跟踪不满意订单，并处理不满意订单的全过程。

技能　跟踪不满意订单

一、操作准备

准备智能手机、充电宝,且智能手机、充电宝的电量充足。准备配送车辆。

二、操作步骤

步骤1:接收客户反馈。客户向商家或服务提供商提出对订单不满意,可以通过电话、网络平台、电子邮件、即时通信等方式。

步骤2:记录信息。商家或服务提供商记录不满意订单信息,包括订单号、问题描述以及客户的联系方式等。

步骤3:跟踪订单状态。商家或服务提供商查看不满意订单的状态,如发货状态、物流跟踪记录等,了解不满意订单的原因和责任方。

步骤4:联系客户。商家或服务提供商主动与客户联系,进一步了解不满意订单详情和客户需求,以便能够有针对性地处理不满意订单。

步骤5:处理不满意订单。商家或服务提供商根据客户反馈和客户需求,采取相应的补偿措施,处理不满意订单,如重新配送、退款、提高服务质量等。

步骤6:跟踪处理进度。商家或服务提供商跟踪不满意订单的处理进度,确保各项补偿措施顺利实施,并及时向客户反馈和更新订单状态。

培训单元2　投诉与索赔订单处理

1. 了解投诉订单的相关知识。
2. 了解索赔订单的相关知识。

3. 掌握投诉与索赔订单处理的流程与步骤。

一、投诉订单

投诉订单是指客户针对在购买商品或配送过程中遇到的问题或不满意的情况，通过网络平台提交的投诉订单。当客户对商品质量、配送过程、配送时间、服务态度等方面存在异议或不满意时，可以进行投诉。

投诉订单旨在促使商家或服务提供商解决问题，并消除客户的困扰，提升客户满意度。客户通常可以通过电话、网络平台、电子邮件等方式进行投诉，并提供订单详情和证据，以便商家或服务提供商更好地了解问题并处理投诉订单。

二、索赔订单

索赔订单是指客户因为商品或服务出现问题或与预期不符，通过网络平台提交的、要求商家或服务提供商进行赔偿的订单。常见的索赔原因包括但不限于以下情况。

1. 商品质量问题

商品存在瑕疵、损坏或不符合描述，导致客户无法正常使用商品。

2. 服务不满意

客户对服务提供商提供的服务不满意，包括服务态度差、服务质量低下、服务过程出现失误等。例如，餐厅提供的食物质量差等。

3. 配送问题

网约配送员在配送过程中出现问题。例如，未能及时收取订单、配送延迟、商品损坏或丢失等。

4. 网约配送员态度差

网约配送员在配送过程中态度不友善、粗暴或行为不专业。

5. 配送费用不合理

配送费用与实际配送服务不符合或者不合理。

6. 售后服务问题

客户需要售后服务时，商家未能及时响应或提供有效的售后服务。例如，无法联系客服、维修不及时等。

当出现上述情况时，客户可以通过网络平台提交索赔订单来要求赔偿。商家或服务提供商根据客户提供的证据和索赔原因进行调查，并尽力达成一个双方认可的解决方案，如退款、换货、维修等。具体索赔订单处理的流程与步骤因情况而异。遵循公平、公正、互惠的原则是处理索赔订单的关键。

技能　处理投诉与索赔订单

一、操作准备

准备智能手机、充电宝，且智能手机、充电宝的电量充足。准备配送车辆。

二、操作步骤

1. 处理投诉订单

步骤1：接收投诉订单。站长通过网络平台接收客户提交的投诉订单，并确保及时了解投诉订单的信息。

步骤2：调查核实。调查核实投诉订单的相关信息，包括订单详情、投诉原因、配送过程等。如果有必要，可以与相关当事人沟通，以获取更多的信息。

步骤3：判断责任。站长根据调查核实的结果，确定责任方，包括商家、服务提供商、网约配送员或其他相关方。

步骤4：联系网约配送员。一旦投诉订单被审核通过，站长立即联系网约配送员，了解在配送过程中出现的问题，并听取网约配送员的意见。

步骤5：处理投诉订单。站长与责任方沟通，处理投诉订单。

步骤6：制定解决方案。站长与客户协商制定解决方案，以满足客户的合理要求，包括重新配送、退款或其他适当的解决方案。

步骤7：教育和培训。如果网约配送员的服务态度存在问题，站长应对其进行教育和培训，以提高其服务质量。

2. 处理索赔订单

步骤1：接收索赔订单。当客户提交索赔订单时，站长收集索赔订单信息，包括订单号、订单详情、照片或视频证据等。

步骤2：调查核实。站长仔细调查核实客户提供的索赔订单信息，验证其真实性和合理性，并与网约配送员、商家、服务提供商或其他相关方联系，了解索赔的经过和背景。

步骤3：判断责任。根据调查核实的结果，确定责任方。

步骤4：处理索赔订单。站长与客户协商，采取适当的措施处理索赔订单，如退款、赠送优惠券或重新配送等。

步骤5：反馈处理结果。站长在处理索赔订单后，向客户反馈处理结果，并说明原因。

培训模块 三
安全与质量管理

培训项目 1　公共安全防护
培训项目 2　管理安全防护

培训项目 1　公共安全防护

培训单元1　公共安全事件处理

1. 了解公共安全事件的相关知识。
2. 掌握公共安全事件处理的流程与步骤。

一、公共安全事件

公共安全是指社会和公民个人从事和进行正常的生活、工作、学习、娱乐和交往所需要的稳定的外部环境和秩序。公共安全管理是指国家行政机关为了维护社会的公共安全和秩序，保障公民的合法权益，以及社会各项活动的正常进行而做出的各种行政活动的总和。

公共安全包括信息安全、食品安全、公共卫生安全、公众出行规律安全、避难者行为安全、人员疏散的场地安全、建筑安全、城市生命线安全、恶意和非恶意的人身安全和人员疏散等。公共安全事件包括自然灾害、事故灾难、公共卫生事件、社会安全事件。

二、公共安全事件的特性

1. 突发性

突发性是指公共安全事件能否发生，什么时间、地点发生，以什么方式发生，危害程度等都是始料未及的，难以准确把握的。公共安全事件源于三方面因素：难以控制的客观因素，人们的知觉盲区，人们熟视无睹的细微之处。

2. 复杂性

公共安全事件往往是各种矛盾激化的结果，总是呈现一果多因、相互关联、环环相扣的复杂性。处理不当可能加大损失，扩大范围，转为政治事件。公共安全事件处理的组织系统也较复杂，至少包括中央、省市及有关职能部门、社区三个层次。

3. 破坏性

破坏性是指以人员伤亡、财产损失为标志，包括直接损失和间接损失，还体现在对社会心理和个人心理造成的冲击，进而渗透到社会生活的各个层面。

4. 持续性

在整个人类文明进程中，公共安全事件持续发生。只有通过共同努力，最大程度降低公共安全事件发生的频率，减轻其危害程度，以及减小对人类造成的负面影响。公共安全事件发生是一个持续的过程，表现为潜伏期、爆发期、高潮期、缓解期、消退期。持续性还表现为蔓延性和传导性，一件公共安全事件经常导致另一件公共安全事件发生。

5. 可控性

可控性是指控制使之不超出范围。从系统论看，可控性是指对系统进行调节，以克服系统的不确定性，使之达到所需要状态，是人类改造自然、利用自然的重要内容和社会进步的重要标志。公共安全事件发生后，总体是具有可控性的。

6. 机遇性

公共安全事件具有机遇性，但不会凭空而来，需要付出代价。机遇的出现有客观原因，机遇性背后有必然性和规律性。只有充分发挥人的主观能动性，通过人自身的努力或变革，才能捕捉机遇。公共安全事件毕竟是人们不愿看到的，不应过分强调其机遇性。是机遇，也需要有忧患意识。

三、公共安全防护

公共安全防护是指通过各种措施和手段，保障人民群众的生命安全、财产安全，维护社会秩序，主要包括对自然灾害、突发公共事件、恐怖活动、网络安全、公共场所安全、环境污染等潜在危险进行预防和应对。

公共安全防护包括以下内容。

1. **自然灾害防护**

自然灾害防护是指对地震、洪水、台风、暴雨等自然灾害的预防和减灾工作，如建立预测预警系统、合理规划城市防洪设施、增强基础设施的抗震能力等。

2. **突发公共事件防护**

突发公共事件防护是指针对突发公共事件（如火灾、交通事故、疫情等）的预防和应对措施，包括完善应急预案、建立紧急联动机制、增强应急救援能力等。

3. **恐怖活动防护**

恐怖活动防护是指针对恐怖威胁，加强安全检查，加强边境防控，提高反恐技术和装备水平等，确保公共场所及重要设施安全。

4. **网络安全防护**

随着网络技术的发展，网络安全问题日益严峻。网络安全防护包括对网络攻击、信息泄露等网络安全威胁的预防和保护措施。

5. **公共场所安全防护**

公共场所安全防护是指加强对公共交通站点、商场、学校等人员密集场所的安全监控和管理，确保人员安全。

6. **环境污染防护**

环境污染防护是指加强对大气污染、水体污染、土壤污染等环境问题的监测和治理，保护生态环境和保障人民群众健康。

公共安全防护是一项综合性的工作，需要政府、社会组织和公众的共同参与和努力。通过制定法律法规、加强宣传教育、提高技术和装备水平等手段，增强公共安全防护的能力，保障社会稳定和安宁。

技能　处理公共安全事件

一、操作准备
准备智能手机、充电宝，且智能手机、充电宝的电量充足。准备配送车辆。

二、操作步骤
步骤1：快速响应。接到网约配送员关于发生公共安全事件的报警后，立即进行记录并确认相关信息，如公共安全事件的时间、地点和类型等。

步骤2：确认网约配送员安全。确认网约配送员是否安全，并了解公共安全事件的详细情况。了解网约配送员的具体情况后，根据需要，提供帮助。例如，引导网约配送员就近寻找安全场所，或配备安全人员协助解决问题。

步骤3：紧急救援。如果需要紧急救援或相关执法部门介入，站长协助网约配送员联系相关的急救、公安或消防部门，确保网约配送员得到及时的救援和保护。

步骤4：信息发布和协助调查。站长在第一时间上报公共安全事件并发布信息，提醒其他网约配送员注意安全。同时，积极协助相关部门进行公共安全事件调查，如向公安机关提供相关的监控录像等。

步骤5：后续处理和支持。网约配送员遇到公共安全事件后，站长与其保持联系，并为其提供必要的支持和帮助，包括提供心理咨询服务、指导报案流程、协助办理保险理赔等。

培训单元2　网约配送员心理健康问题疏导

1. 了解心理健康的相关知识。
2. 掌握网约配送员心理健康问题疏导的流程与步骤。

一、心理健康

心理健康是指心理的各个方面及活动过程处于一种良好或正常的状态。心理健康的理想状态是性格良好、智力正常、认知正确、情感适当、意志合理、态度积极、行为恰当、适应良好的状态。

二、心理健康内容

根据人们的实际情况和当前的心理特征，心理健康包括以下内容。

1. 正确的自我意识

正确的自我意识是指能够全面正确地认识自己与他人的关系，能够自我评价，自信乐观，确立自己的生活目标，并努力向目标靠近。

2. 健全统一的人格

健全统一的人格是指气质、性格、能力、理想、信念、人生观等各方面平衡发展，所思所言所做协调一致。

3. 开朗轻松的心境

开朗轻松的心境是指经常保持开朗、乐观、愉快、满足的心境，适度表达和控制自己的情绪，自尊自重。

4. 坚强的个人意志

坚强的个人意志是指有较强的心理能力，在挫折、困难、逆境面前不气馁，百折不挠。

5. 较强的适应能力

较强的适应能力是指正确认识和处理个人与环境的关系，能主动地适应和改变现状。

6. 和谐的人际关系

和谐的人际关系是指用真诚、信任、宽容和理解的态度与人相处，并保持真诚的微笑。

7. 积极的学习态度

积极的学习态度是指以较强的求知欲望和浓厚的学习兴趣来对待学习，善于学习，刻苦钻研。

三、心理健康疏导

当今社会，心理健康问题变得越来越严重。工作压力、社交焦虑、情感问题等一系列因素影响人们的心理健康。为了保持心理健康，需要适当的心理健康问题疏导。

心理健康问题疏导是指通过专业人士的指导，帮助人们减轻或消除心理压力和困扰，以保持积极的心态和生活方式。心理健康问题疏导有以下常见方法。

1. 心理咨询

心理咨询是一种通过与专业心理咨询师交流，疏导心理健康问题的方法。心理咨询师会倾听人们的困惑和担忧，分析心理健康问题的根源，并提供实用的建议和指导。

2. 认知行为疗法

认知行为疗法是一种通过改变人们的思维方式和行为习惯，调整人们的心理状态的方法，可以帮助人们认识负面心理状态，并逐步改变，从而疏导心理健康问题。

3. 心理训练

心理训练是一种通过学习和实践心理学技巧，增强人们的适应能力和抗压能力的方法，包括放松训练、注意控制训练、情绪调节等，可以帮助人们更好地应对各种心理压力和困扰。

4. 社交支持

社交支持是一种通过与亲朋好友交流，获得支持，减轻心理压力的方法。与他人分享自己的困扰和担忧，听取他人的意见和建议，有助于人们从外部获得更多的支持，减轻心理压力。

在疏导心理健康问题的同时，也需要自我关爱和自我调节。保持良好的生活习惯，如健康的饮食、充足的睡眠和适度的运动，有助于身心健康。此外，培养兴趣爱好、参与社交活动和提高自我认知等方法也值得一试。

总之，心理健康是幸福生活的重要组成部分。在日常生活中，要重视心理健康问题，并及时疏导心理健康问题。通过心理咨询、认知行为疗法、心理训练和社交支持，疏导心理健康问题，保持心理健康，迎接更美好的未来。

技能　疏导网约配送员心理健康问题

一、操作准备

准备智能手机、充电宝，且智能手机、充电宝的电量充足。准备配送车辆。

二、操作步骤

步骤1：了解情况。与网约配送员进行面对面交流，了解他们的心理健康问题，有助于更好地进行后续的疏导工作。

步骤2：提供支持。对于网约配送员心理健康问题，给予理解。鼓励他们表达内心的压力和情绪，并倾听他们的需求。

步骤3：教育和培训。提供相关的教育和培训机会，帮助网约配送员了解并掌握应对心理健康问题的方法和技巧，包括心理健康知识、心理健康问题应对技巧、压力管理等。

步骤4：保持积极心态。帮助网约配送员保持积极的心态，鼓励他们正视挑战并寻找疏导心理健康问题的方法。可以通过激励和正面反馈来增强他们的自信心和动力。

步骤5：心理咨询。对于一些复杂的心理健康问题，可以引导网约配送员寻求专业的心理咨询师的帮助。心理咨询师能够提供实用的建议和指导，帮助他们疏导心理健康问题。

步骤6：建立支持网络。创建一个合作、互助的网约配送员社群，促进他们交流。可以定期组织团队活动或分享会，增强团队凝聚力，并提供有益的信息和经验。

步骤7：营造良好的工作环境。确保网约配送员的工作环境安全和舒适，减少不必要的工作压力和负担。同时，合理安排网约配送员的工作量和工作时间，避免过度劳累和长时间连续工作。

需要注意的是，每个人的情况和心理健康问题是不同的，应针对具体情况，制定个性化的心理健康问题疏导方案。如果心理健康问题比较严重或无法疏导，建议寻求专业的心理医生的帮助。

培训项目 2　管理安全防护

培训单元1　网约配送员安全会议筹备与召开

1. 了解网约配送员安全会议的相关知识。
2. 掌握网约配送员安全会议筹备与召开的流程与步骤。

一、网约配送员安全会议

网约配送员安全会议是指为了增强网约配送员的安全意识和提升安全技能而组织的会议。网约配送员安全会议旨在教育和培训网约配送员，以确保他们在配送过程中遵守交通法规，保障自身安全，提供高质量的配送服务。

网约配送员安全会议主要包括以下内容。

1. 消防安全

网约配送员安全会议强调网约配送员在配送过程中的消防安全要求和规范，包括配送车辆的电气线路检查、灭火器的配备与使用、易燃易爆物品的禁运等。此外，网约配送员安全会议还强调网约配送员在预防火灾方面的责任和义务，要求配送员严格遵守消防安全规定，定期检查配送车辆，杜绝火灾隐患，确保自身和他人安全。

2. 交通安全

网约配送员安全会议强调网约配送员在道路上的交通安全意识，包括遵守交通法规，掌握驾驶技巧，了解注意事项等。此外，网约配送员安全会议还会介绍一些应对紧急情况的方法和策略，如应对交通事故或突发状况的方法。

3. 食品安全

网约配送员安全会议强调网约配送员在配送食品时的要求和规范，包括食品包装的密封性、温度控制等方面。此外，网约配送员安全会议还强调网约配送员在保障食品安全方面的责任和义务。

4. 身体健康

网约配送员安全会议关注网约配送员的身体健康问题，宣传常见网约配送员职业病预防知识，如调整骑行姿势、注意休息和加强锻炼等。

5. 安全装备

网约配送员安全会议介绍安全装备的使用方法，如头盔、反光衣等，并强调其重要性。

6. 应对突发状况

网约配送员安全会议针对配送中的突发状况，如恶劣天气、恶意订单等，为网约配送员提供灵活应对的方法和策略。

二、网约配送员安全会议筹备与召开

网约配送员安全会议筹备是指在召开网约配送员安全会议之前，相关管理部门或企业需要进行的各项准备工作，旨在确保网约配送员安全会议顺利召开和取得预期效果。

网约配送员安全会议一般邀请相关部门的负责人、安全专家、网约配送员代表等参加，讨论和解决在配送过程中可能存在的安全风险隐患，增强网约配送员的安全意识和应对能力，确保配送安全，并减少事故和伤害发生。通过召开网约配送员安全会议，提高整个配送行业的安全水平，保障网约配送员身体健康和配送安全。

技能　筹备与召开网约配送员安全会议

一、操作准备

准备智能手机、充电宝，且智能手机、充电宝的电量充足。准备配送车辆。

二、操作步骤

1. 筹备网约配送员安全会议

步骤1：确定目标和议程。明确网约配送员安全会议的目标和内容，制定议程，确保网约配送员安全会议围绕网约配送员安全进行有效的讨论和交流。

步骤2：邀请参会人员。确定参会人员名单，包括相关部门的负责人、安全专家、网约配送员代表等，发出邀请并确认参会人员的出席情况。

步骤3：准备场地和设备。选择合适的场地，并确保场地内设备正常运行，包括音响、投影仪等设备。

步骤4：准备资料。收集相关网约配送员安全的资料和信息，准备网约配送员安全会议所需的文档、报告和PPT等资料。

2. 召开网约配送员安全会议

步骤1：签到和分发资料。根据网约配送员安全会议安排，组织参会人员签到，分发网约配送员安全会议资料。

步骤2：准备餐食和饮料。根据需要，准备餐食和饮料。

步骤3：安全演练和培训。进行与网约配送员安全相关的演练和培训，增强网约配送员的应急处理能力和安全意识。

步骤4：会议记录。确保各项议程完成。记录网约配送员安全会议过程中的重要讨论内容和讨论结果，以备后续跟进。

步骤5：总结与制订行动计划。网络配送员安全会议结束后，进行总结，并制订具体的行动计划，明确责任人和时间节点，推动问题解决。

培训单元2　财产安全与伪钞鉴别

1. 了解财产安全与伪钞鉴别的相关知识。
2. 掌握财产安全与伪钞鉴别的流程与步骤。

一、网约配送员财产安全

网约配送员财产安全是指在配送过程中保障和维护财产安全。由于网约配送员在配送过程中随身携带一定数量的现金、货物以及其他贵重物品，因此面临财产被盗或损失的风险。

为了确保网约配送员财产安全，可以采取以下措施。

1. 进行培训

对网约配送员进行有关财产安全的培训，包括如何妥善保管财物，避免暴露财产信息等。

2. 使用安全装备

网约配送员可以使用安全装备，如防盗包、防刺手套等，以减少财产被盗的风险。

3. 加强安全防范

网约配送员在高风险地区或时间段配送，应提高警惕，注意周围环境，警惕可疑人员或可疑行为，并避免进入不安全的地方。

4. 选择配送车辆

网约配送员尽量选择安全可靠的配送车辆进行配送，避免配送车辆被抢劫或袭击。

5. 购买财产保险

网约配送员可以购买财产保险，以保障财产安全，一旦遭受损失，可以得到一定的经济赔偿。

二、伪钞鉴别方法

伪钞鉴别是指识别伪钞的过程。在现实生活中，伪钞对经济和社会秩序都造成了严重的影响。因此，伪钞鉴别成为网约配送员必须掌握的重要技能之一。

伪钞鉴别有以下方法。

1. 视觉鉴别

通过肉眼观察钞票上的图案、色彩、细节和特征等来鉴别伪钞。真钞通常具有清晰的、饱满的、细腻的图案和色彩，而伪钞可能存在模糊、不清晰、色彩不正等问题。

2. 手感鉴别

通过触摸钞票的纹理、厚度、质地等来鉴别伪钞。真钞通常使用高质量的纸张制作，触感光滑、凹凸感强烈；而伪钞往往使用质量较差的纸张，触感粗糙或者过于光滑。

3. 紫外线灯鉴别

利用紫外线灯照射钞票，鉴别伪钞。真钞通常具有一些专门设计的荧光图案或者荧光纤维，而伪钞没有这些特征。

4. 其他鉴别方法

根据不同币种的特殊防伪措施，如磁性特征、水印、安全线等鉴别伪钞。

技能　组织网约配送员财产安全与伪钞鉴别培训

一、操作准备

准备智能手机、充电宝，且智能手机、充电宝的电量充足。准备配送车辆。

二、操作步骤

步骤1：基本财产安全知识培训。站长向网约配送员介绍基本的财产安全知识和重要性。通过分享案例，引起网约配送员对财产安全的关注。

步骤2：伪钞鉴别培训。站长教授鉴别伪钞的基本方法，包括视觉鉴别、手感鉴别、紫外线灯鉴别等方法，使网约配送员了解真钞的特征和伪钞常见的问题，并学会使用鉴别工具。

步骤3：其他安全事项培训。站长向网约配送员介绍其他与财产安全相关的重要事项。例如，网约配送员遇到可疑人员或进入高风险地区时应该保持警惕，在交付过程中保障自己和客户的财产安全，以及正确使用安全装备和工具等。

步骤4：实地演练。为了增强网约配送员的应对能力和提升操作技能，站长可以组织实地演练,有助于网约配送员更好地理解财产安全培训内容,并在实践中不断增强自己的能力。

步骤5:持续监管和反馈。站长进行持续的监管,确保网约配送员在配送过程中妥善保障财产安全。定期开展安全检查和培训,收集网约配送员的反馈意见和建议,进一步完善培训内容和改进培训方法。

培训模块 四
异常管理

培训项目 1　客诉处理
培训项目 2　异常订单处理
培训项目 3　应急处理

培训项目 1

客诉处理

培训单元1 投诉处理

1. 了解保险报价、退款、货损等投诉处理的相关知识。
2. 掌握保险报价、退款、货损等投诉处理的流程与步骤。

一、保险报价

保险报价是指保险公司根据客户需求和风险评估，提供的相应保险产品的价格。保险公司根据客户的个人情况、保险类型、保险金额、投保期限等因素进行评估，并计算具体的保险费用。保险报价通常包括保险费、手续费和税费等费用项目。保险公司根据客户的个人情况和要求，为其提供最合适的保险产品，并给出相应的保险报价。

二、现场保险理赔

现场保险理赔是指在事故或损失发生后，保险公司或相关机构派出工作人员到事故现场或损失发生地点进行调查和评估，以便尽快办理保险理赔。现场保险理赔可以有效加快理赔速度，并提供及时的支持和服务。

在现场保险理赔过程中，保险公司或相关机构的工作人员会对事故情况进行调查，收集证据，如照片、视频等，了解事故原因和责任，并评估损失的程度和金额。他们可能询问当事人，并核实相关信息。

通过现场保险理赔，可以加快理赔速度，提高效率，并且减少虚假不实的理赔申请。同时，确保受损方及时获得应有的赔偿，以便尽快恢复正常生活或工作。

需要注意的是，具体的现场保险理赔流程可能因保险公司和保险类型而有所不同，在需要时，可以咨询保险公司或相关机构。

三、退款投诉处理

退款投诉是指客户因不满意商品或服务的质量、配送延迟、订单错误等，要求商家或服务提供商退还已支付的款项。当客户认为购买的商品或服务与预期不符时，可以向商家或服务提供商提交退款投诉，并陈述原因和提供证据。

退款投诉通常需要商家或服务提供商进行调查核实，以确定是否符合退款条件。在处理退款投诉时，商家或服务提供商需要与客户充分沟通，了解具体细节，并根据相关的政策和规定，判断是否符合退款条件。

一般来说，如果商品存在质量问题、未按照约定时间交付、发生严重差错，或者服务提供商违反合同约定，客户有权要求退款。商家或服务提供商需要根据具体情况，制定解决方案，包括全额退款、部分退款，或采取其他补偿措施，以满足客户的合理要求。

需要注意的是，处理退款投诉应该遵循公正、客观和合法的原则，并符合消费者权益保护相关的法律法规。商家或服务提供商应该建立健全的退款投诉处理机制，及时处理客户的退款投诉，并积极解决问题，以保障客户的权益，维护商家或服务提供商的声誉。

四、货损投诉处理

货损投诉是指客户在收到商品后，因商品损坏或缺失，向商家或服务提供商投诉。当客户收到的商品与预期不符，存在损坏、缺失等问题时，可以向商家或服务提供商提交货损投诉，并提供证据。

技能　现场保险理赔及处理退款、货损等投诉

一、操作准备

1. 实训场所要求

实训场所应具备教师演示和学员练习两个功能，选择人员流动性小、遮风挡雨、安静的场所。

2. 实训设备要求

准备智能手机、充电宝，且智能手机、充电宝的电量充足。准备配送车辆。

二、操作步骤

1. 现场保险理赔

步骤1：网约配送员准备相关的理赔材料，如事故现场照片、配送车辆损坏照片、网约配送员身份证明等。

步骤2：网约配送员联系站长或网络平台客服，说明事故的情况，并提交理赔材料。

步骤3：站长或专门的理赔人员对事故进行调查和评估。

步骤4：根据保险金额以及险种进行保险报价。

步骤5：一旦理赔申请获得批准，站长或专门的理赔人员协助网约配送员办理保险理赔，并提供必要的帮助和支持。

2. 处理退款投诉

步骤1：主动联系客户。及时与客户沟通，听取客户退款投诉的内容和要求，了解客户的具体情况和退款投诉原因。

步骤2：核实情况。与网约配送员核实相关情况，了解订单的处理情况和可能出现的问题。

步骤3：调查取证。收集证据，包括订单信息、网约配送员行程信息、客户退款投诉的截图或录音等。

步骤4：制定解决方案。根据调查结果和相关政策，制定解决方案。如果网约配送员存在失职行为或错误，可以为客户全额退款或部分退款，或者采取其他补偿措施，如赠送优惠券、减免配送费用等。

步骤 5：沟通反馈。与客户沟通，说明解决方案，提升客户满意度。

步骤 6：采取防范措施。总结经验教训，并采取相应的防范措施，避免类似问题再次发生。

3. 处理货损投诉

步骤 1：核实情况。与客户沟通，核实具体情况，可以要求客户提供证据，如照片、订单信息等。

步骤 2：调查并记录。站长进行调查，包括向网约配送员了解事件的经过。同时，详细记录所有关键信息，包括时间、地点、涉及的商品和金额等。

步骤 3：制定解决方案。根据调查结果和相关政策，制定合理的解决方案。如果是网约配送员造成的损失，可以采取退款、重新配送等补偿措施。站长需要向客户说明解决方案，并确保其满意。

步骤 4：采取预防措施。为了避免类似问题再次发生，站长可以对网约配送员进行培训，增强其对商品的保护意识和实现配送流程规范化管理。同时，应用技术手段，如 GPS 定位、拍照签收等来监控和保障商品安全。

培训单元 2　赔偿解决方案制定

1. 了解退款、货损等赔偿解决的相关知识。
2. 掌握赔偿解决方案制定的流程与步骤。

一、退款赔偿

退款赔偿是指商家或服务提供商因商品质量问题、服务不符合约定、违约行为等，对客户进行退款赔偿。退款赔偿旨在保障客户的权益，确保客户得到应有的赔偿。

通常出现以下情况需要进行退款赔偿。

1. 商品质量问题

如果客户购买的商品存在质量问题，无法正常使用或与预期不符，客户可以要求退款赔偿。

2. 服务不符合约定

如果客户购买的服务不符合约定或与预期不符，客户可以要求退款赔偿。

3. 违约行为

如果商家或服务提供商违反了合同约定，未能履行承诺，客户可以要求退款赔偿。

二、货损赔偿

货损赔偿是指因商品在配送、储存或交付过程中出现泄漏遗撒、损坏或丢失等情况，相关责任方进行货损赔偿。货损赔偿旨在保障客户的权益，确保客户得到应有的赔偿。

货损赔偿金额和赔偿方式根据具体情况而有所不同，如商品价值、货损程度、合同约定以及相关法律法规的规定等。当发生货损时，相关责任方应按照合同约定或法律法规规定承担赔偿责任，并通过协商、仲裁或诉讼等途径解决争议。

技能　制定赔偿解决方案

一、操作准备

准备智能手机、充电宝，且智能手机、充电宝的电量充足。准备配送车辆。

二、操作步骤

1. 制定退款赔偿解决方案

步骤1：接收退款投诉。当客户对网约配送员的服务不满并要求退款时，站长及时接收退款投诉并记录信息。

步骤2：审核退款投诉。站长对退款投诉进行审核，核实退款原因的合理性，并确保退款投诉属实。

步骤3：调查取证。站长进行调查取证，与客户、网约配送员以及其他相关方沟通，了解事情的经过和相关细节。

步骤4：判断责任。在调查取证的基础上，站长判断网约配送员是否负有责任，是否需要退款赔偿。

步骤5：制定解决方案。如果网约配送员负有责任，站长与网约配送员协商制定退款赔偿方案。同时，站长与客户沟通，说明退款赔偿解决方案。

步骤6：采取预防措施。若网约配送员多次因类似问题被投诉，站长应采取预防措施，如对网约配送员加强培训、评估网约配送员的服务质量或对其进行处罚，以提高服务质量，避免类似问题再次发生。

2. 制定货损赔偿解决方案

步骤1：核实货损情况。站长与网约配送员沟通，并要求其提供证据，如照片、视频等，了解货损的具体情况和原因。

步骤2：判断责任。根据网约配送员提供的证据，站长判断货损的责任方。如果是网约配送员不当操作导致的货损，站长可以要求网约配送员承担责任。

步骤3：保险理赔。如果网约配送员购买了保险，站长可以联系保险公司并提供证据，协助网约配送员办理保险理赔。保险公司将根据保险条款和货损情况进行赔偿。

步骤4：制定解决方案。站长与客户沟通，了解其需求和意见。根据协商结果，制定货损赔偿解决方案，如退款、调换商品或采用其他赔偿方式。

步骤5：加强培训和监督。站长应该对网约配送员进行培训，提升其操作技能和增强其对商品的保护意识。此外，还应加强对网约配送员的监督和管理，确保网约配送员在配送过程中遵守相关规定，减少货损发生。

培训项目 2 异常订单处理

培训单元 1　订单改派

1. 了解订单改派的相关知识。
2. 掌握订单改派的流程与步骤。

一、订单改派

订单改派是指在配送过程中将原本分配给某个网约配送员的订单重新分配给其他网约配送员。

订单改派的目的是确保订单按时、准确地送达,并最大程度地满足客户需求。通常会综合考量各种原因,并在保证服务质量的前提下改派订单。

二、订单改派的原因

订单改派主要有以下原因。

1. 网约配送员无法接收订单

当网约配送员因为各种原因无法接收或完成订单时,可以改派订单给其他网约配送员。

2. 订单调度优化

为了提高配送效率和服务质量，可以对订单进行调度优化，将订单改派给其他网约配送员，以确保订单更快速、准确地送达。

3. 地理位置调整

如果网约配送员所在的地理位置与配送地址之间的距离过远或者不在配送区域内，可以将订单改派给其他网约配送员。

4. 特殊情况

突发事件、天气恶劣等特殊情况导致网约配送员无法按时配送订单，为了保证订单按时送达，可以将订单改派给其他网约配送员。

技能　改派订单

一、操作准备

准备智能手机、充电宝，且智能手机、充电宝的电量充足。准备配送车辆。

二、操作步骤

1. 智能手机故障导致订单改派

步骤1：确认故障。当智能手机故障导致无法联系时，根据网络平台对网约配送员和配送车辆的定位，尽快确认智能手机故障的情况，并了解订单的紧急程度和其他相关细节。

步骤2：通知客户。一旦确认智能手机故障，立即与客户联系，并告知需要改派订单。

步骤3：改派订单。改派订单给其他网约配送员，并提供订单号和其他相关信息，以便能够快速完成配送。

步骤4：更新订单信息。在订单改派后，及时更新订单信息，包括网约配送员的联系方式、预计送达时间等，并通知客户。

步骤5：监控订单进度。在新的网约配送员接收订单后，站长密切监控整个配送过程，确保订单按时送达，并与客户及时沟通订单进度。

2. 配送车辆故障导致订单改派

步骤1：网约配送员发送故障通知。当网约配送员发现配送车辆故障时，应立即通过App或其他指定的工具向站长发送故障通知，说明具体情况和所在的地理位置。

步骤2：确认订单状态。站长与网约配送员沟通的同时，应与客户联系，说明订单因配送车辆故障需要改派，并尽可能满足客户需求。

步骤3：改派订单。站长根据订单的紧急程度、配送距离等因素，改派订单给其他网约配送员。

步骤4：更新订单信息和通知客户。站长在改派订单后，应更新订单信息，并及时通过App或其他指定的工具，通知客户。

步骤5：监控订单进度。在订单改派后，站长应密切监控订单进度，确保网约配送员按时、准确地完成配送。如果有其他问题，需要及时与客户沟通，并积极解决问题。

3. 交通事故导致订单改派

步骤1：确认交通事故情况。站长与网约配送员联系，并了解交通事故的具体情况。询问网约配送员是否受伤，是否需要医疗救援，并确保网约配送员妥善处理交通事故。

步骤2：确认是否继续配送。站长确认网约配送员是否继续配送。如果无法继续配送，则需要改派订单。

步骤3：上报事故。站长通知网络平台的调度中心或相关负责人，说明交通事故发生地点、时间，需要改派订单等。

步骤4：提供订单信息。网约配送员提供详细的订单信息，包括订单号、配送地址、联系电话等。

步骤5：改派订单。站长改派订单给其他网约配送员。

步骤6：通知客户。在订单改派后，及时通知客户。

4. 订单过多导致订单改派

步骤1：评估订单量。站长评估当前的订单量和运力，包括网约配送员的数量以及工作状态，客观地判断是否需要改派订单。

步骤2：设置订单上限。站长可以在网络平台上设置订单上限，控制网约配送员接收订单。

步骤3：改派订单。如果订单过多，超出了网约配送员可承受范围，站长可以改派订单给其他网约配送员。

步骤4：通知客户。在订单改派后，站长通过 App 或其他指定的工具，通知客户。

步骤5：监控与反馈。在订单改派后，站长密切监控订单进度。与客户沟通，收集客户的反馈，及时处理和改进，以提高服务质量。

培训单元2　客户原因导致异常订单处理

1. 了解客户原因导致异常订单的相关知识。
2. 掌握客户原因导致异常订单处理的流程与步骤。

一、客户原因导致异常订单

异常订单是指与正常配送流程不同的或存在问题的订单。客户原因导致异常订单可能包括但不限于以下情况。

1. 无法联系到客户

无法联系到客户是指网约配送员无法与客户联系，无法完成配送或无法确认配送地址。

2. 无法找到配送地址

无法找到配送地址是指网约配送员无法找到配送地址，无法完成配送。

3. 交付问题

交付问题是指网约配送员在交付过程中遇到问题，如无人接收、客户拒绝收货等。

4. 订单配送错误

订单配送错误是指网约配送员将订单配送给了错误的客户或配送到错误的

地址。

5. 配送延迟

配送延迟是指由于交通拥堵、天气恶劣或其他不可抗力因素，网约配送员无法按时完成配送。

6. 商品损坏或丢失

商品损坏或丢失是指在配送过程中，商品损坏或丢失。

7. 商家未营业

商家未营业是指网约配送员到达商家处时，商家未营业。

8. 商家出餐慢

商家出餐慢是指网约配送员到达商家处时，商家未出餐。

9. 商家无货

商家无货是指网约配送员到达商家处时，商家无货或缺货。

二、客户原因导致异常订单处理

客户原因导致异常订单处理是指针对与正常配送流程不同的或存在问题的订单进行处理的过程。

通过客户原因导致异常订单处理，可以提升客户满意度，树立品牌形象，并建立良好的商业信誉。

1. 无法联系到客户处理

无法联系到客户是指网约配送员到达配送地址后，客户电话无法接通或者客户联系方式错误、空号等情况，造成订单超时或订单取消。

针对无法联系到客户，网约配送员可以在 App 中上报异常。

2. 客户修改配送时间处理

客户修改配送时间是指网约配送员接单后，客户联系网约配送员，要求修改配送时间。

针对客户修改配送时间，网约配送员可以选择是否继续配送。

3. 客户修改配送地址处理

客户修改配送地址是指网约配送员接单后，客户联系网约配送员，要求修改配送地址。

针对客户修改配送地址，网约配送员可以选择是否继续配送。

4. 商家定位错误处理

商家定位错误是指网约配送员按照导航指引，到达商家处时，发现商家的实际地理位置与导航不一致。

针对商家定位错误，网约配送员可以在 App 中上报异常。

5. 商家未营业处理

商家未营业是指在网约配送员按照导航指引，到达商家处时，发现商家未营业。

针对商家未营业，网约配送员可以在 App 中上报异常。

6. 商家无货处理

商家无货是指网约配送员到达商家处时，商家无货或缺货，订单无法正常配送。

针对商家无货，网约配送员可以联系客服上报异常。客服核实后，取消订单。

7. 商家自配送处理

商家自配送是指网约配送员到达商家处时，商家已经自行配送，但是没有取消订单，造成订单无法正常配送。

针对商家自配送，网约配送员可以取消订单。

8. 商家出餐慢处理

商家出餐慢是指商家出餐时间超过预期，商家忘记备餐等情况。

针对商家出餐慢，网约配送员可以在 App 中上报异常。

技能　处理客户原因导致的异常订单处理

一、操作准备

准备智能手机、充电宝，且智能手机、充电宝的电量充足。准备配送车辆。

二、操作步骤

1. 处理无法联系到客户

步骤 1：到达配送地址。网约配送员按照导航指引，到达配送地址。

步骤 2：无法联系到客户。网约配送员拨打客户电话 2 次以上，无法联系到客户。若客户有备用号码，网约配送员可以拨打备用号码。若备用号码仍未打通，可以上报异常。

步骤3：上报异常。网约配送员可以在配送地址，上报异常（若未到达配送地址就上报异常，会被判无效）。

（1）在订单详情页中，点击"遇到问题"，如图4-1所示。

（2）选择"联系不上顾客"，如图4-2所示。

图4-1 点击"遇到问题"

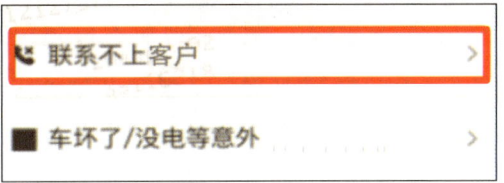

图4-2 选择"联系不上顾客"

（3）需要确定到达配送地址，才可以上报，如图4-3所示。

（4）若客户有备用号码，需要先拨打备用号码，然后点击"上报异常"，如图4-4所示。

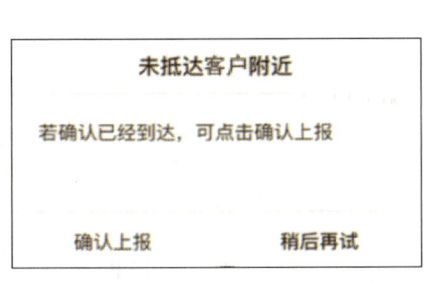

图4-3 点击"确认上报"

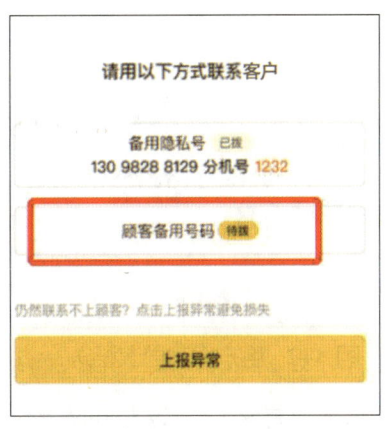

图4-4 点击"上报异常"

步骤4：在上报异常成功后，网约配送员方可继续配送其他订单。

（1）网络平台自动拨打客户电话进行核实。若核实通过，则上报异常成功；若核实不通过，则上报异常失败，如图4-5所示。

（2）在上报异常成功后，可继续配送其他订单。在上报异常成功后，将商品归还商家，并取消订单，如图4-6所示。

步骤5：再次配送。在上报异常后，注意在订单详情页中说明。若在规定时间内，联系到客户，且客户要求再次配送，则进行以下具体操作。

图4-5 点击"确认上报"　　　　图4-6 先归还商品后取消订单

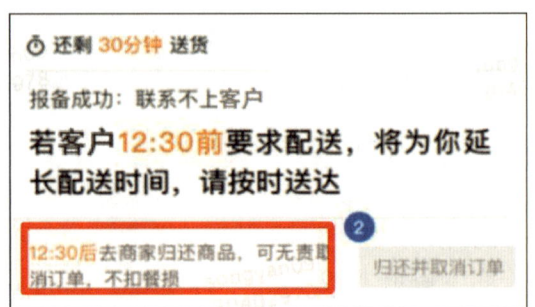

（1）在规定时间内，客户发起再次配送。App会弹窗提醒及语音提醒网约配送员，如图4-7所示。

（2）点击"查看详情"后，可以看到补时情况，按照要求完成再次配送，如图4-8所示。

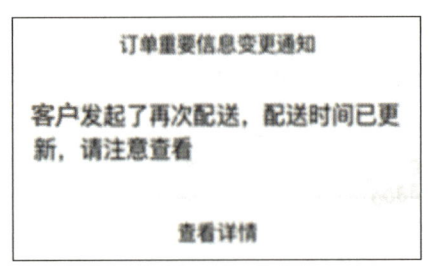
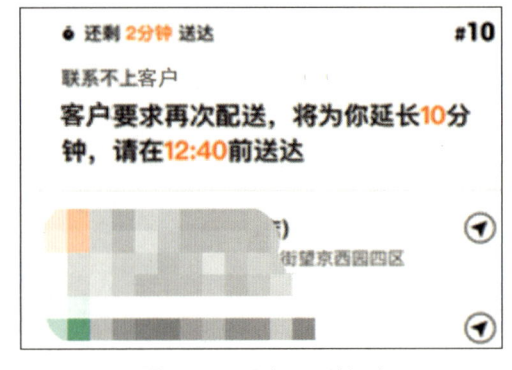

图4-7 客户发起再次配送　　　　图4-8 再次配送补时

步骤6：若客户未发起再次配送，网约配送员及时联系站长处理。

2. 处理客户修改配送时间

步骤1：客户通过即时通信、订单备注、电话等方式，联系网约配送员，要求修改配送时间。

步骤2：网约配送员根据实际情况选择是否继续配送。

步骤3：若继续配送，并因为客户修改配送时间，造成订单超时扣款，在订单完成后，可以联系客服申诉。客服联系客户核实，若情况属实，可以补款。

步骤4：若不继续配送（客户要求配送时间不合理等），则取消订单，将商品归还商家，并联系客服申诉。

3. 处理客户修改配送地址

步骤1：若客户通过即时通信、订单备注、电话等方式联系网约配送员，要求修改配送地址，引导客户在 App 中修改配送地址。客户在 App 中修改配送地址后，在网约配送员的 App 中，出现弹窗提醒，如图4-9所示。

步骤2：更新订单信息。网络平台根据修改的配送地址，重新规划配送路线，更新配送时间、配送费用等。网约配送员按照导航指引，正常配送即可，如图4-10所示。

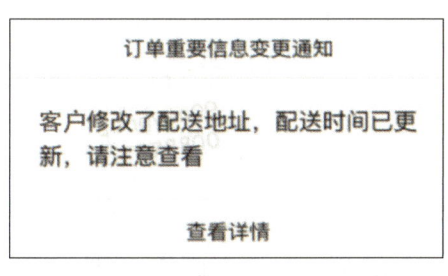

图4-9 在网约配送员的 App 中显示客户修改配送地址

图4-10 更新订单信息

步骤3：若客户不愿意在 App 中修改配送地址，网约配送员选择是否继续配送。

（1）若继续配送，造成订单超时是无法申诉的。

（2）若不继续配送，可以取消订单，产生的违规罚单，可以联系客服申诉。客服核实后，可以补款。

注：若网约配送员在已取商品后，取消订单，务必将商品归还商家。

4. 处理商家定位错误

步骤1：发现商家的实际地理位置与导航不一致。在订单详情页中，点击"遇到问题"，如图4-11所示。

步骤2：到达商家的实际地理位置，选

图4-11 点击"遇到问题"

择"商家定位错误",如图 4-12 所示。

步骤 3:在 App 中,上报"商家定位错误"(拍照),如图 4-13 所示。

图 4-12　选择"商家定位错误"

图 4-13　上报"商家定位错误"

步骤 4:在上报异常成功后,产生违规罚单,网络平台自动发起申诉。

步骤 5:在申诉成功后,网络平台会给网约配送员补款,如图 4-14 所示。

5. 处理商家未营业

步骤 1:发现商家未营业。在订单详情页中,点击"遇到问题",选择"商家未营业",如图 4-15 所示。

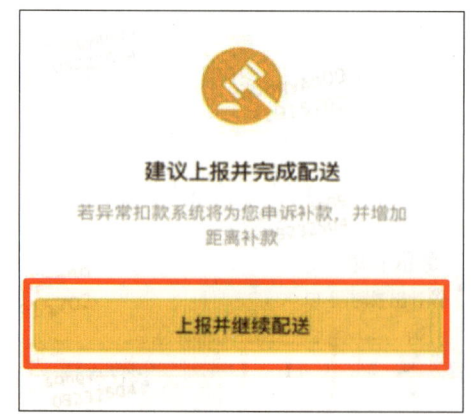

图 4-14　点击"上报并继续配送"

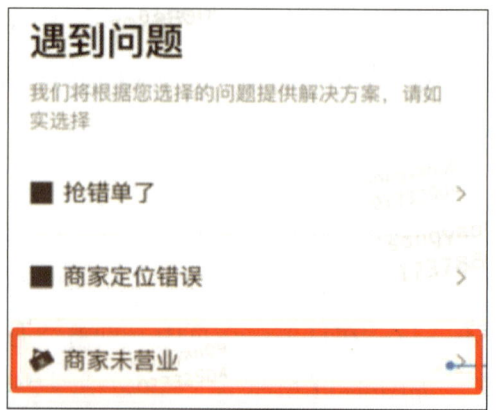

图 4-15　选择"商家未营业"

步骤2：在App中，上报"商家未营业"（拍照），并给客户发送信息，如图4-16所示。

步骤3：在上报异常成功后，点击"取消订单"，如图4-17所示。

图4-16　上报"商家未营业"

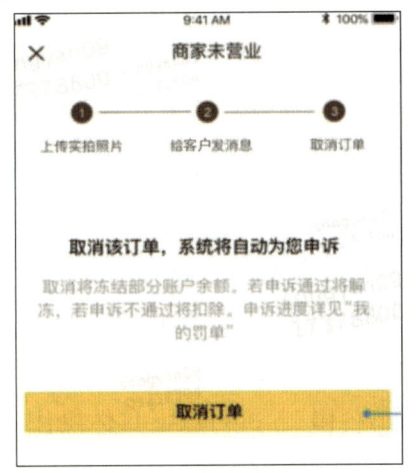

图4-17　点击"取消订单"

步骤4：网络平台自动发起申诉。

步骤5：网约配送员可以在"我的罚单"中，查询申诉进度。

6. 处理商家无货

步骤1：网约配送员到达商家处，商家反馈商品无货或缺货。

步骤2：网约配送员联系客服，上报商家无货。

步骤3：客服联系商家，核实情况。

步骤4：若确认商家无货，网约配送员可以取消订单。若产生违规罚单，客服协助网约配送员申诉。

步骤5：若商家有货，网约配送员与商家沟通并继续配送（若取消订单，则无法补款）。

步骤6：若商家无货产生违规罚单，网约配送员可以联系客服申诉。客服核实后，可以补款。

7. 处理商家自配送

步骤1：网约配送员到达商家处，商家反馈商品已自配送。

步骤2：网约配送员与商家沟通，尝试让商家取消订单。

步骤3：若商家不愿意取消订单，则由网约配送员取消订单。

步骤4：网约配送员联系客服，对商家自配送导致取消订单进行申诉。客服联系商家核实情况，若情况属实则申诉成功。

8. 处理商家出餐慢

步骤1：网约配送员主动与商家沟通出餐时间。若出餐时间较晚，网约配送员可以选择上报"商家出餐慢"。在上报成功后，订单会获得补时，网约配送员可以视情况优先配送其他订单。

步骤2：上报"商家出餐慢"应符合以下条件。

（1）网约配送员在商家处。

（2）超过商家预计出餐时间，仍未出餐。

（3）网约配送员上报"商家出餐慢"未超过当日规定次数。

步骤3：对于每个订单，可以上报2次"商家出餐慢"，并获得2次补时。

步骤4：网约配送员在App中，上报"商家出餐慢"，进行以下具体操作。

（1）在订单详情页中，点击"遇到问题"，如图4-18所示。

（2）第一次上报"商家出餐慢"，如图4-19所示。

图4-18 点击"遇到问题"

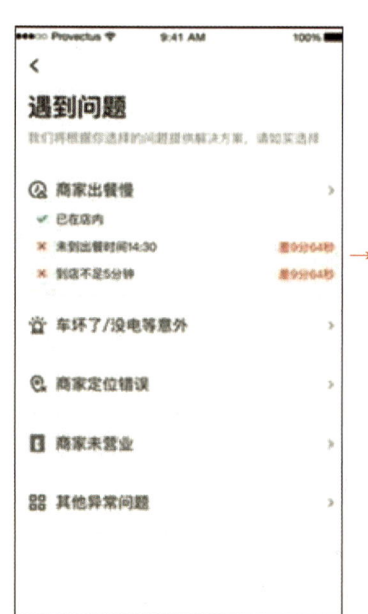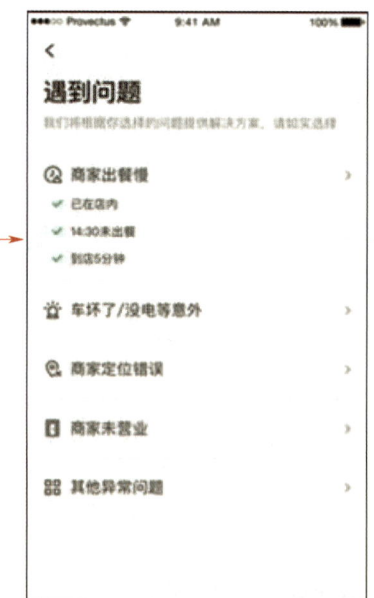

图4-19 第一次上报"商家出餐慢"

注：符合第二次上报"商家出餐慢"条件时，可以进入上报页面，拍照要求不变，在完成后，点击"上报并继续配送"；网络平台根据第二次上报"商家出餐慢"与第一次上报的时间差，计算补时，建议网约配送员在符合第二次上报"商家出餐慢"条件时，及时发起第二次上报。

（3）若商家在补时内仍未出餐，网约配送员可以第二次上报"商家出餐慢"。

（4）在上报"商家出餐慢"成功后，可以在取餐时获得补时，如图4-20所示。

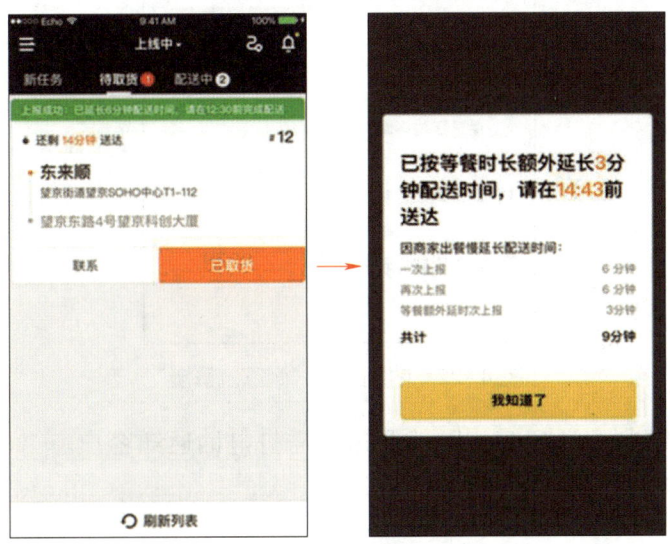

图4-20　获得补时

（5）可以在订单详情页→"查看审核详情"中查看补时及审核结果，如图4-21所示。

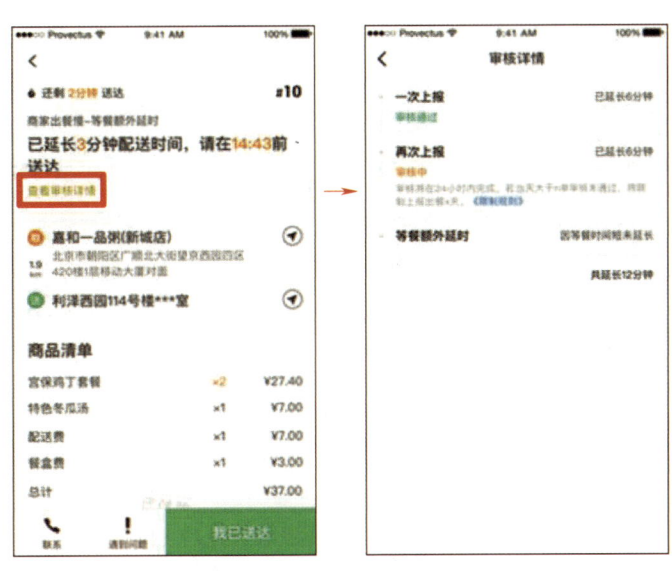

图4-21　查看审核详情

（6）若在一天内网约配送员上报"商家出餐慢"达到一定次数，从第二天起会被限制上报"商家出餐慢"，如图 4-22 所示。

图 4-22　限制上报"商家出餐慢"

步骤 5：若预判配送超时，网约配送员需打电话通知客户。

培训单元 3　平台原因导致异常订单处理

1. 了解平台原因导致异常订单的相关知识。
2. 掌握平台原因导致异常订单处理的流程与步骤。

一、平台原因导致异常订单

平台原因导致异常订单通常是指在使用 App 或网络平台时，出现无法正常下单、支付、预订、查询等问题，导致订单超区、价格异常、配送路线规划异常、配送时间不一致等异常订单。

通常有以下平台原因导致异常订单。

1. 平台故障

平台故障是指服务器或网络故障，导致无法正常连接或操作 App 或网络平台。

2. 交易异常

交易异常是指在下单、支付或退款过程中，出现支付失败、订单无法提交、余额异常等问题。

3. 数据错误

数据错误是指商家信息、商品价格、优惠活动等数据显示不准确或与实际情况不符。

4. 功能失效

功能失效是指在 App 或网络平台上的某个功能无法使用，如搜索功能无法使用或定位功能无法准确获取位置信息。

5. 第三方服务故障

第三方服务故障是指第三方服务（如地图、支付接口等）故障或限制使用，影响客户的使用体验。

二、平台原因导致异常订单处理

1. 超区订单处理

超区订单是指客户下单时，选择的配送地址不在配送区域内，主要包括以下情况。

（1）地理位置限制。如果客户选择的配送地址在配送区域外，订单就会被判定为超区订单。

（2）配送限制。对于一些特殊的或偏远的地区，由于交通、运力等问题，无法提供正常的配送服务，因此订单会被判定为超区订单。

（3）商家限制。有些商家只对特定的配送区域提供配送服务。如果客户选择的配送地址不在商家限定的配送区域内，订单就会被判定为超区订单。

当订单超区时，通常显示相应的提示或错误信息，通知客户订单无法配送。客户可以修改配送地址，或者选择其他商家下单。

2. 价格异常订单处理

价格异常订单是指在 App 或网络平台上，商品或服务的价格与实际价格存在明显差异或不合理情况。价格异常可能表现为价格偏高或偏低，超出了正常的价格波动范围，或者与实际价格存在明显差异。导致价格异常订单有以下原因。

（1）数据输入错误。在发布商品或服务过程中，人为疏忽、网络故障或输入错误等导致价格异常订单。

（2）系统漏洞或错误。网络平台的价格管理系统存在漏洞或错误，导致价格异常订单。例如，技术问题、软件缺陷或网络故障等。

（3）促销活动设置错误。在设置促销活动时，设置错误或计算错误，导致价格异常订单。例如，折扣计算错误、优惠券设置错误等。

（4）商家操作失误。商家在网络平台上发布商品或服务时，操作失误，导致价格异常订单。例如，标错商品价格、误设折扣等。

针对价格异常订单，网络平台管理人员需要及时发现并处理，以保障客户的利益。可以通过更新价格、退款、补偿等方式处理，同时加强价格管理和建立审核机制，降低价格异常订单出现的概率。

技能操作

技能　处理平台原因导致的异常订单

一、操作准备

准备智能手机、充电宝，且智能手机、充电宝的电量充足。准备配送车辆。

二、操作步骤

1. 处理超区订单

步骤 1：通知客户订单超区。网络平台通过系统提示、错误信息或弹窗等方式，及时通知客户订单超区，并进行相应的说明。

步骤 2：上报异常。网约配送员点击"异常报备"→"其他异常问题"→选择"送货地址超区且无法配送"。

步骤 3：联系客户。网络平台或商家通过 App 或其他指定的工具联系客户，说明无法配送的原因，并制定解决方案，如修改配送地址、更换商家等。

步骤4：在上报异常成功后，网约配送员报备站长。

（1）若未取商品，网约配送员终止此订单配送，正常配送其他订单。

（2）若已取商品，网约配送员终止此订单配送，正常配送其他订单，将商品归还商家。

步骤5：调整配送区域。网络平台或商家根据实际情况对配送区域进行调整，以便更好地满足客户需求。

2. 处理价格异常订单

步骤1：核实价格。在订单详情页中，网约配送员点击"遇到问题"→"价格异常"。站长核实。

步骤2：确定原因。站长确定是否平台原因导致价格异常订单。

步骤3：更新价格。更新价格，确保价格与实际价格一致。网络平台管理人员可以通过后台系统更新价格，或与商家协调更新价格。在更新价格时，要确保及时通知客户，避免产生误解或纠纷。

步骤4：采取补偿措施。如果价格异常订单给客户造成了经济损失，网络平台可以采取补偿措施，包括退款、补差价、赠送优惠券或积分等，以弥补客户的损失，提升客户满意度。

步骤5：继续配送。网约配送员继续配送订单。如果因为更新价格而超时扣款，在订单完成后，可联系客服申诉。客服联系客户核实，若情况属实可以补款。

培训项目 3 应急处理

培训单元1 当场不能确定安全性的物品处置

1. 了解当场不能确定安全性的物品的相关知识。
2. 掌握当场不能确定安全性的物品处置的流程与步骤。

一、当场不能确定安全性的物品

当场不能确定安全性的物品是指那些在使用过程中存在潜在危险或风险，当场不能确定其质量、功能或可靠性的物品。当场不能确定安全性的物品缺乏必要的安全认证，或者存在设计、制造或材料上的问题，导致在使用过程中引发意外或伤害。

二、当场不能确定安全性的物品处置

1. 隔离

将当场不能确定安全性的物品迅速移动到一个安全的隔离区域，远离人员和其他可能受到影响的物品。

2. 停止使用

对于正在使用中的当场不能确定安全性的物品，应立即停止使用，并确保相关的设备关闭或断电。

3. 寻求专业帮助

联系专业人士或机构，如消防部门、安全机构或相关行业的专家，报告情况并寻求帮助。

4. 设置警示标志

在当场不能确定安全性的物品周围设置明显的警示标志，以提醒他人注意安全，并防止误操作。

5. 不擅自处置

不要擅自处置或拆解当场不能确定安全性的物品，以免增加风险或造成更大危害。

6. 按照规定程序处置

根据相关的法律法规、安全要求或专业指导，按照规定的程序处置当场不能确定安全性的物品。

需要注意的是，对于当场不能确定安全性的物品，应该由专业人士或有相关经验的人员来负责处置，以确保采用正确的方法，并最大程度地减少潜在风险。

技能　处置当场不能确定安全性的物品

一、操作准备

准备智能手机、充电宝，且智能手机、充电宝的电量充足。准备配送车辆。

二、操作步骤

步骤1：上报异常。网约配送员点击"异常报备"→"其他异常问题"。

步骤2：联系站长。网约配送员立即向站长、网络平台管理人员或客服报告，说明发现当场不能确定安全性的物品及可能存在的风险。

步骤3：拍照上传。将现当场不能确定安全性的物品与其他物品隔离，确保不会对其他人员或环境造成危害，并拍照上传至网络平台。

步骤4：核实情况。网络平台或站长联系商家或客户，核实情况。

（1）若情况属实，直接取消订单并上报相关部门。

（2）若情况不属实，则对网约配送员进行相应处罚。

培训单元2　中风险突发事件处理

1. 了解中风险突发事件的相关知识。
2. 掌握中风险突发事件处理的流程与步骤。

一、中风险突发事件

中风险突发事件是指在特定环境下，某些因素引发的可能对人民群众生命、健康、财产和社会秩序造成较大影响的突发事件。中风险突发事件通常具有以下特点。

1. 突发性

中风险突发事件往往突然发生且无法预测，给人们带来困扰。

2. 影响范围大

中风险突发事件可能涉及较大范围的地区、较多的人口和资源，对社会秩序和公共安全造成较大影响。

3. 潜在危害大

中风险突发事件可能对人民群众的生命、健康、财产和社会秩序造成较大危害，需要采取紧急措施进行处理。

4. 可能引发连锁反应

中风险突发事件可能引发其他相关事件或连锁反应，扩大影响和危害。

中风险突发事件包括但不限于自然灾害（如台风、洪涝灾害、地震等）、公共卫生事件（如传染病暴发、食品安全事件等）、社会安全事件（如恶性犯罪、恐怖活动等）、事故灾害（如交通事故、火灾等）等。针对中风险突发事件，需要制定相应的应急预案，并由相关部门和机构负责实施。

二、在配送过程中异常情况导致的中风险突发事件

1. 设备故障导致的中风险突发事件

在配送过程中，设备故障是指网约配送员的配送车辆或配送设备故障或损坏。这些设备包括但不限于电动车、摩托车、汽车以及配送箱等。

设备故障可能导致以下中风险突发事件。

（1）交通事故。设备故障会导致网约配送员失去对配送车辆的控制，增加发生交通事故的风险。

（2）配送延误。设备故障会导致网约配送员在配送过程中停顿，影响订单按时送达，给客户带来不便。

（3）配送物品损坏或丢失。设备故障可能导致配送物品损坏或丢失，给商家和客户造成经济损失。

（4）危害人身安全。设备故障可能危害网约配送员自身的安全，如电动车电池着火、刹车失灵等。

为了减少设备故障，网约配送员应对设备进行定期维护和检查，确保设备处于良好的工作状态。网约配送员应根据实际情况选择安全可靠的设备，在配送过程中安全操作。另外，网络平台和商家应提供必要的支持和保障，及时修复或更新设备，确保网约配送员安全高效地完成配送。

2. 网约配送员与商家、客户之间发生冲突导致的中风险突发事件

网约配送员与商家、客户之间发生冲突可能导致以下中风险突发事件。

（1）危害人身安全。打斗、推搡等暴力行为可能导致网约配送员或客户受伤。

（2）财产损失。在冲突中，客户的财物可能被毁坏或丢失，商家的商品可能被破坏，网约配送员的配送车辆或配送物品可能被损坏或丢失。

（3）法律责任。冲突可能涉及违反法律规定的行为，如诽谤、诈骗、故意伤害等，需要承担法律责任。

（4）声誉受损。如果在公共场所发生冲突，可能对商家和网约配送员的声誉

造成负面影响，导致客户流失。

3. 网约配送员发生交通事故导致的中风险突发事件

网约配送员发生交通事故可能导致以下中风险突发事件。

（1）危害人身安全。交通事故可能导致网约配送员受到伤害，如擦伤、骨折、器官损伤，甚至威胁生命。

（2）第三方伤害。交通事故可能对其他行人、骑车人、驾驶员等第三方造成伤害或损失。例如，撞伤行人或与其他车辆发生碰撞。

（3）财产损失。交通事故可能导致配送物品或配送工具被损坏或完全毁坏。

（4）法律责任。如果网约配送员违反交通法规造成严重后果，可能要承担法律责任，包括民事责任、刑事责任或交通违法处罚。

（5）声誉受损。如果交通事故涉及商家或网络平台，客户对商家或网络平台的服务产生质疑，可能对其声誉造成负面影响。

为了减少交通事故，网约配送员应遵守交通法规，掌握良好的驾驶技巧，合理控制车速并注意道路条件。同时，站长应对网约配送员进行必要的培训和安全指导，增强网约配送员的交通安全意识和提升驾驶技能。在交通事故发生时，及时联系相关机构和保险公司，并协助调查和解决纠纷，以减少损失和法律风险。

4. 网约配送员身体状况导致的中风险突发事件

网约配送员身体状况可能导致以下中风险突发事件。

（1）工作能力受限。如果网约配送员的身体状况不佳，如受伤、生病或身体不适，可能无法正常履行工作职责，导致配送延迟或无法完成配送，从而给商家和网络平台造成损失。

（2）危害人身安全。如果网约配送员在配送时身体状况不佳，如头晕、乏力、眼花等，可能导致网约配送员注意力不集中，增加发生事故的风险，对自身和他人的安全造成危害。

（3）健康状况恶化。如果网约配送员的健康状况恶化，如慢性疾病急性发作或病情加重，可能导致网约配送员暂时无法工作或长期缺勤，给商家和网络平台造成损失。

技能　处理中风险突发事件

一、操作准备

准备智能手机、充电宝，且智能手机、充电宝的电量充足。准备配送车辆。

二、操作步骤

1. 处理设备故障导致的中风险突发事件

步骤1：上报异常。网约配送员点击"异常报备"→"其他异常问题"。

步骤2：联系站长。网约配送员立即向站长、网络平台管理人员或客服报告，说明设备故障原因及可能存在的风险。

步骤3：快速响应。若设备故障导致网约配送员无法完成配送，站长迅速与网约配送员联系，要求网约配送员详细描述设备故障，采取相应的措施。

步骤4：技术支持。站长提供专业的技术支持，帮助网约配送员排除设备故障。网约配送员可以通过电话、即时通信或其他方式与技术团队直接联系，并得到帮助和指导。

步骤5：协商解决。若网约配送员不能按时配送，应及时联系商家和客户，告知设备故障并制定解决方案，包括退款、部分退款、调换商品、赔偿等。

步骤6：处理赔偿。根据解决方案，商家或服务提供商进行相应的操作，如退款、调换商品或赔偿等，跟进并确保赔偿顺利执行。

步骤7：改派订单。若网约配送员不能继续配送，站长将订单改派给其他网约配送员，继续完成配送。

步骤8：教育和培训。站长定期组织教育和培训，增强网约配送员维护设备和排除故障的能力，降低设备故障发生率。

步骤9：分析和改进。站长应对设备故障进行分析，并根据分析结果，采取相应的改进措施。

2. 处理网约配送员与商家、客户之间发生冲突导致的中风险突发事件

步骤1：了解情况。站长应了解冲突的具体情况，包括时间、地点、涉及的人员以及冲突的原因等。

步骤2：冷静沟通。站长与冲突各方进行冷静的、理性的沟通，听取冲突各方的意见和要求。

步骤3：制定解决方案。站长应该制定公平的解决方案，尽量满足冲突各方的合理要求，可以通过协商、调解或者妥协来解决冲突，以保障冲突各方的利益。

步骤4：保持客观中立。站长在处理冲突时，应保持客观的、中立的态度，不偏袒任何一方。依据事实、法律和规章制度，确保处理过程公平公正。

步骤5：记录处理结果。站长应记录处理冲突的整个过程，包括冲突各方的陈述、解决方案以及采取的具体措施等。同时，及时跟进，确保解决方案有效实施。

步骤6：采取预防措施。站长应该总结和分析冲突的原因，采取预防措施，避免类似冲突再次发生，包括组织培训、完善规章制度等。

3. 处理网约配送员发生交通事故导致的中风险突发事件

步骤1：确保安全。在发生交通事故后，确保网约配送员和其他相关人员安全。如果网约配送员或其他人员受伤，应立即拨打急救电话，并尽力保护现场。

步骤2：收集证据。网约配送员应该尽量收集证据，包括交通事故现场照片、车牌号码、驾驶员的姓名和联系方式等，帮助解决交通事故责任纠纷。

步骤3：联系保险公司。网约配送员应及时向保险公司报告交通事故，并提供证据。保险公司会指导网约配送员办理理赔。

步骤4：制作交通事故报告。网约配送员需要与对方当事人协商制作一份交通事故报告，包括交通事故的经过、双方的联系方式、交通事故发生的时间和地点等详细信息。

步骤5：寻求法律援助。如果交通事故造成了严重的人身伤害或财产损失，网约配送员可以咨询法律专家，获得法律援助。

步骤6：协商解决。网约配送员和对方当事人可以通过协商，解决交通事故责任纠纷。如果双方无法达成一致，可以诉讼或仲裁解决。

4. 处理网约配送员身体状况导致的中风险突发事件

步骤1：紧急救援。如果网约配送员身体出现严重问题，站长应立即拨打急救电话，寻求医疗救援，确保网约配送员生命安全。

步骤2：保障现场安全。在救援到达之前，应确保现场安全，尽量避免造成更大伤害，可以采取措施将网约配送员迅速转移到安全区域。

步骤 3：采取急救措施。如果网约配送员仍然有意识，应采取急救措施，如止血、固定伤处等。若不具备急救知识和急救技能，最好等待医务人员到达。

步骤 4：联系保险公司和网约配送员的家属。站长应及时与保险公司联系，并说明详细情况。同时，尽快联系网约配送员的家属。

培训模块 五
客户服务与开发

培训项目1 客户服务
培训项目2 客户开发
培训项目3 客户维护

培训项目 1 客户服务

培训单元 1 服务反馈

1. 了解服务反馈的相关知识。
2. 掌握对订单变化进行服务反馈的流程与步骤。

一、服务反馈

服务反馈是指客户对所获得的服务进行评价和反馈的过程。客户获得某项服务后,可以通过不同的渠道向服务提供商反馈,包括意见、建议、投诉或评级。

服务反馈对于服务提供商来说非常重要,可以帮助服务提供商了解客户满意度以及可能存在的问题,并及时进行调整和改进。通过有效的服务反馈,服务提供商可以更好地了解客户需求,提高服务质量和客户忠诚度,并在竞争激烈的市场中取得优势。

二、订单变化导致的服务反馈

当订单变化时,可能影响客户的预期、满意度和整体体验,导致客户投诉、差评或其他形式的服务反馈。订单变化导致的服务反馈包括但不限于以下内容。

1. 差评

差评是指客户通过给低分或负面评价，表达对服务的不满和失望。

2. 投诉

投诉是指客户以书面或口头形式向服务提供商投诉和提出意见，指出订单变化导致的问题和困扰。

3. 建议

建议是指客户提出关于改进、避免类似问题再次发生以及提高服务质量的建议。

订单变化包括商品缺货、配送延迟、价格变动、服务变更等。在处理订单变化导致的服务反馈时，服务提供商应认真倾听客户的服务反馈，及时响应并解决问题，以维持客户关系并提高服务质量。

技能　对订单变化进行服务反馈

一、操作准备

准备智能手机、充电宝，且智能手机、充电宝的电量充足。准备配送车辆。

二、操作步骤

步骤1：通知客户。如果订单发生变化，如延迟、取消或其他问题，服务提供商立即通过App或其他指定的工具通知客户。

步骤2：说明订单变化原因。服务提供商应向客户详细说明订单变化的原因，如网约配送员原因、商家原因、运力原因等，有助于客户理解并接受订单变化，同时提高透明度和客户信任度。

步骤3：制定替代方案。如果订单无法按照原计划配送，服务提供商应制定替代方案，包括更换相似商品或其他解决方案，以满足客户需求。

步骤4：制定解决方案。如果订单变化给客户造成了损失，服务提供商应与客户协商，制定双方都可以接受的解决方案，包括退款、退货或采用其他赔偿方式，以弥补客户的损失。

步骤5：跟进处理。服务提供商应跟进订单变化处理，并确保解决方案实施。

同时，关注客户的反馈和意见，及时采取措施解决可能出现的问题，以提升客户满意度和维持客户关系。

培训单元 2　客户服务质量核检

1. 了解客户服务质量核检的相关知识。
2. 掌握客户服务质量核检的流程与步骤。

一、客户服务质量核检

客户服务质量核检是指对客户服务质量进行评估和检查，以提升客户满意度。

二、客户服务质量核检指标

1. 响应时间

客户提出问题后，服务提供商需要在合理的时间内做出响应。通常来说，响应时间应控制在 24 h 内。

2. 解决时间

解决时间是指客户问题得到解决的时间。服务提供商应尽量在最短的时间内解决客户的问题，避免解决时间过长。

3. 服务质量

服务质量包括网约配送员的专业素养、服务态度、语言表达能力等方面。服务提供商应通过定期培训和考核来提高网约配送员的服务质量。

4. 知识储备

服务提供商的客服应掌握商品知识和相关业务知识，能够准确解答客户的问题，并提供专业的建议。

5. 投诉处理

服务提供商应建立有效的投诉处理机制，及时处理客户的投诉，并积极采取措施解决问题，以保障客户的权益。

6. 客户反馈

服务提供商应定期收集客户反馈，并进行分析和总结，及时调整和改进服务策略。

7. 服务方式

服务提供商应提供多样化的客户服务方式，包括电话、电子邮件、即时通信等，以满足不同客户的需求。

通过客户服务质量核检，可以评估客户服务质量，及时发现并解决存在的问题，以提升客户满意度和忠诚度。

技能　监督、核检四级／中级工及以下级别网约配送员的客户服务质量

一、操作准备

准备智能手机、充电宝，且智能手机、充电宝的电量充足。准备配送车辆。

二、操作步骤

步骤1：设置核检指标。设置客户服务质量核检指标，包括响应时间、解决时间、服务质量等。根据客户服务质量核检指标，对网约配送员的客户服务质量进行核检。

步骤2：定期培训。对四级／中级工及以下级别网约配送员进行专业培训，包括客户服务技巧、沟通技巧、商品包装等方面的知识。培训的目的是提高网约配送员的服务水平和专业素养。

步骤3：建立管理制度。建立严格的管理制度，明确网约配送员的工作职责和行为规范，包括按时配送、礼貌待客、保护客户隐私等。加强对网约配送员的监督和考核，确保其按照规定履行职责。

步骤4：收集客户反馈。建立客户反馈机制，鼓励客户对网约配送员的客户服务质量进行评价和反馈。通过客户反馈，核检网约配送员的客户服务质量，并及时采取改进措施。

步骤5：建立奖惩机制。根据网约配送员的客户服务质量，建立奖惩机制，对优秀的网约配送员进行奖励和表彰，对服务不达标的网约配送员进行处罚。

步骤6：进行客户调查。定期进行客户调查，了解客户满意度，并将调查结果作为提高客户服务质量的依据。

培训项目 2　客户开发

培训单元1　配送服务和商品推荐

1. 了解配送服务和商品的相关知识。
2. 掌握向客户推荐配送服务和商品的流程与步骤。

一、定制化配送服务

定制化配送服务是指根据客户的特殊需求，设计和提供个性化的配送服务。定制化配送服务旨在满足客户对配送时间、配送方式、商品保护等方面的特殊需求。

二、定制化配送服务种类

1. 定时配送服务

根据客户的要求，在指定的时间内配送，对于有时间要求或需要按时收取商品的客户尤其重要。例如，为鲜花店提供定时配送服务，确保鲜花在指定的时间内送达。

2. 快速配送服务

对于需要快速送达的商品，如急救药品、急需零部件等，提供快速配送服务。通常通过专用配送工具或合作伙伴实现，以确保商品以最快的速度送达。

3. 冷链配送服务

对于需要在低温或恒温条件下配送的商品，如食品、药品或生物样本等，提供冷链配送服务。在配送过程中，严格控制温度，并配备适当的冷藏或冷冻设备。

4. 特殊商品配送服务

对于超大件、超重商品或特殊形状的商品，如家具、大型机器设备等，提供专门的配送工具和设备来确保商品安全送达。

5. 逆向物流服务

对于退货或返品，提供逆向物流服务，包括接收、检查、储存、重新包装、重新分配或进行退款处理等。

三、配送服务内容

配送服务是指为客户提供将商品从销售地点直接送达客户指定地点的服务。配送服务包括以下内容。

1. 建立配送网络

建立高效的配送网络，确定配送路线，优化配送服务流程等。

2. 配送

为客户配送商品，确保按时将商品送达客户指定的地点。

3. 配送跟踪

客户可以通过 App 或网络平台，跟踪订单进度，如实时位置和预计送达时间。

4. 客户服务

客户在商品配送过程中遇到问题或有特殊需求时，可以获得客户服务，如热线电话、即时通信或电子邮件等。

5. 商品包装

为了确保商品在配送过程中的安全性，对商品进行包装，包括使用耐用的包装材料和采取适当的保护措施，以减少商品在配送过程中损坏的风险。

6. 费用管理

根据商品的质量、尺寸和配送地址等因素，制定合理的配送费用标准，并提供灵活的配送费用支付方式。

7. 退货和退款

如果客户对收到的商品不满意或商品存在质量问题，可以退货和退款。客户可以与商家联系，并按照规定的流程进行退货和退款。

8. 定制化配送服务

为了满足客户的特殊需求，提供定制化配送服务。例如，提供定时配送服务、快速配送服务、冷链配送服务或特殊商品配送服务等。

四、商品推荐

商品推荐是指网约配送员向其现有客户或潜在客户发送商品信息、促销活动等，激发他们的兴趣，并促使他们采取进一步行动，如购买商品、参与促销活动等。

商品推荐一般通过以下方式进行。

1. 电子邮件推荐

电子邮件推荐是指通过电子邮件向客户发送商品信息、促销活动等，可以根据客户的购买历史、偏好等进行个性化定制，增强商品推荐效果。

2. 短信推荐

短信推荐是指通过短信向客户发送商品信息、促销活动等，可以迅速地传递信息，并具有较高的阅读率，适用于一些紧急促销活动或限时优惠。

3. App 推荐

App 推荐是指通过 App 向客户发送商品信息、促销活动等，提醒他们关注商品或促销活动。

4. 社交媒体推荐

社交媒体推荐是指将商品信息、促销活动等发布到企业或品牌的社交媒体上，通过粉丝和关注者转发分享，扩大信息的传播范围。

5. 电话推荐

电话推荐是指通过电话联系客户，了解他们的需求、解答疑问等，维持客户关系。

五、注意事项

1. **确定目标客户**

了解客户需求、偏好和购买历史，有针对性地进行商品推荐，提高成功率。

2. **提供有价值的信息**

确保商品信息、促销活动等具有吸引力和实用性，能够满足客户需求。

3. **个性化推荐**

根据客户的购买历史、偏好等进行个性化推荐，增强商品推荐效果。

4. **合适的推荐频率**

避免频繁推荐，打扰客户。推荐频率也不要过低，以免被客户忽视。

5. **监测和分析**

通过监测推荐效果，分析客户反馈和购买行为，及时调整和改进商品推荐策略。

总而言之，商品推荐是一种有效的营销手段，可以提高客户的忠诚度，促进购买行为，并建立长期稳定的客户关系。

技能　向客户推荐配送服务和商品

一、操作准备

准备智能手机、充电宝，且智能手机、充电宝的电量充足。准备配送车辆。

二、操作步骤

1. 向客户推荐配送服务

步骤1：确定目标客户。明确目标客户，是个人客户、企业客户还是电商平台等。根据目标客户，制定不同的推荐策略和选择推荐方式。

步骤2：确定推荐内容。根据目标客户需求和配送服务的特点，确定推荐内容，包括配送区域、配送时间、网约配送员等方面的信息，并重点突出配送服务相比竞争对手的优势。

步骤3：选择推荐方式。根据目标客户的特点和习惯，选择合适的推荐方式，可以通过短信、电子邮件、微信公众号、推送信息等方式进行推荐。

步骤4：制订推荐计划。根据推荐内容和推荐方式，制订详细的推荐计划，包括推荐时间、推荐频率、目标客户等。

步骤5：发送推荐内容。按照推荐计划，将准备好的推荐内容通过选择的推荐方式发送给目标客户。注意要符合相关法律法规，确保推荐内容的合法性和合规性。

步骤6：跟进反馈。在推荐配送服务后，及时跟进客户反馈。解答客户的问题，并制定解决方案。及时处理客户的投诉或建议，以提升客户满意度和客户体验。

2. 向客户推荐商品

步骤1：确定目标客户。了解目标客户的年龄、性别、兴趣爱好、消费习惯等，有助于更好地制定商品推荐策略。

步骤2：收集客户信息。与目标客户建立联系，通过网站注册、订阅邮件列表、参加活动等收集他们的联系方式，如电子邮件、手机号码等。

步骤3：创建个性化推荐内容。针对目标客户的需求和偏好，创建个性化的推荐内容。推荐内容要吸引人、具有说服力，并能够激发客户的兴趣和购买欲望。

步骤4：选择适当的推荐方式。根据目标客户和商品的特点，选择适当的推荐方式，如电子邮件、社交媒体、短信等方式。确保选择的推荐方式最大程度地触达目标客户。

步骤5：跟进反馈。保持与客户良好沟通，定期向他们发送商品信息、促销活动。同时，根据客户的反馈和需求，有针对性地推荐商品。

步骤6：优惠和奖励。为了吸引客户购买商品，可以提供优惠和奖励，如限时优惠、买赠活动、积分兑换等，激发客户的购买欲望。

培训单元2 客户服务需求信息收集

1. 了解客户服务需求信息的相关知识。
2. 掌握客户服务需求信息收集的流程与步骤。

一、客户服务需求信息

客户服务需求信息是指客户对商品或服务的具体要求和期望。在商业环境中，了解客户服务需求信息和满足客户服务需求是企业取得成功的关键因素之一。

客户服务需求信息主要包括以下类型。

1. 功能性需求信息

功能性需求信息是指客户希望商品或服务满足特定的功能需求，如一个软件应具备某些特定的功能模块。

2. 质量需求信息

质量需求信息是指客户对商品或服务的质量有一定的要求，包括可靠性、稳定性、耐用性等方面。

3. 定制化需求信息

定制化需求信息是指客户需要根据其特定的业务，定制商品或服务。

4. 客户体验需求信息

客户体验需求信息是指客户希望商品或服务提供良好的客户体验，包括界面友好、易用性强等。

5. 价格需求信息

价格需求信息是指客户对商品或服务的价格有一定的预算，希望获得合理的价格。

6. 售后服务需求信息

售后服务需求信息是指客户在购买商品或获得服务后，希望得到良好的售后服务。

7. 交付需求信息

交付需求信息是指客户对商品或服务的交付时间和支付方式有一定的要求，如按时交付或提供远程支付等。

8. 可持续发展需求信息

可持续发展需求信息是指客户关注环境保护和社会责任，在选择商品或服务时，希望商品或服务具备可持续发展能力。

了解客户服务需求信息，并满足客户服务需求，可以提高客户的信任度和忠诚度，增强市场竞争力。因此，企业应该通过市场调研、客户反馈等方式，不断改进和优化商品或服务，以满足客户服务需求。

二、客户服务需求信息分析

客户服务需求信息分析是指对客户服务需求信息进行深入研究和分析，以便更好地理解客户对商品或服务的具体要求，确保满足客户服务需求，提供有价值的商品或服务。

客户服务需求信息分析包括以下内容。

1. 收集客户服务需求信息

通过面对面交流、问卷调查、市场调研等方式，收集客户服务需求信息，包括功能性需求信息、质量需求信息、客户体验需求信息等。

2. 分析客户服务需求信息

对收集的客户服务需求信息进行整理、分类和分析，识别客户服务需求的共性与差异，找出潜在的痛点和机会，并将其转化为可操作的指导原则。

3. 制定解决方案

基于客户服务需求信息分析的结果，综合考虑技术可行性、成本效益、市场竞争力等因素，制定解决方案，包括商品设计、服务流程优化等。

4. 验证可行性

通过原型制作、客户测试等方式，验证解决方案是否满足客户服务需求，并及时进行调整。

5. 持续改进

客户服务需求信息是动态变化的，企业应与客户保持持续的沟通和建立反馈机制，及时了解客户服务需求信息的变化，并对商品或服务进行改进，以增强竞争力。

客户服务需求信息分析是一个复杂而重要的过程，需要企业具备市场调研、数据分析、项目管理等方面的能力。通过精确识别和分析客户服务需求信息，企业可以提升客户满意度，拓展市场份额，增强盈利能力。

技能　收集客户服务需求信息

一、操作准备

准备智能手机、充电宝，且智能手机、充电宝的电量充足。准备配送车辆。

二、操作步骤

1. 收集客户服务需求信息

步骤1：收集客户反馈。通过面对面交流、电话或问卷调查等方式与客户进行沟通，收集客户反馈。

步骤2：收集客户体验信息。邀请客户参与商品试用，并收集他们的使用体验和建议。

步骤3：监测社交媒体。通过监测社交媒体上的客户反馈，了解客户对商品或服务的意见。

步骤4：分析客户记录。分析客户的投诉、建议和问题，收集客户服务需求信息。

步骤5：售后调查。在客户购买商品后进行调查，了解客户满意度。

步骤6：分析数据。通过分析销售数据、客户行为数据和市场趋势等，挖掘潜在的客户服务需求，为客户服务优化提供依据。

步骤7：收集内部反馈。通过与销售团队、客户服务团队和产品研发团队的沟通和交流，收集来自内部的客户服务需求信息。

步骤8：分析竞争对手。监测竞争对手的商品和服务，了解他们的特点和创新点，从中获得启发。

2. 分析客户服务需求信息

步骤1：分类整理。将收集的客户服务需求信息进行分类整理，可以按照功能性需求信息、客户体验需求信息、价格需求信息等进行分类，并确定客户服务需求信息的重点和优先级。

步骤2：需求明确化。通过与客户深入交流和反复确认，准确理解客户服务需求。可以通过原型设计、演示、样品展示等方式，让客户更直观地感受商品或服务的特点和优势。

步骤3：优先级排序。根据客户服务需求和可行性，将客户服务需求进行优先级排序。对重要的客户服务需求，优先满足。

步骤4：跟踪反馈。在商品或服务交付后，及时跟踪客户的使用情况和反馈。通过客户满意度调查、目标客户分析等方式，收集客户对商品或服务的意见和建议，以便进行改进和优化。

培训项目 3 客户维护

培训单元1　客户基本信息维护

1. 了解客户基本信息的相关知识。
2. 掌握客户基本信息维护的流程与步骤。

一、客户基本信息

客户基本信息是指与客户身份相关的一些关键信息,用于识别和了解客户。客户基本信息通常包括以下内容。

姓名:客户的全名或常用名。

联系方式:客户的电话号码、电子邮件或其他联系方式。

地址:客户的居住地址或公司地址。

身份证件信息:客户的身份证件号码,如身份证号码、护照号码等。

出生日期:客户的出生日期。

性别:客户的性别。

国籍:客户的国籍。

职业:客户的职业或工作类型。

家庭情况：客户的婚姻状况、家庭成员等信息。

经济状况：客户的收入、资产等信息。

二、客户基本信息变更

客户基本信息变更是指客户基本信息发生变化时所进行的更新或修改，包括但不限于姓名、联系方式、地址、职业、公司名称、营业执照等变更。客户基本信息变更是为了确保客户基本信息的准确性和完整性，以便与客户保持有效的沟通和交流，并为客户提供更好的服务。

根据需要，可以变更客户基本信息中的任意一项或多项。变更后的客户基本信息更准确，有助于更好地与客户沟通和交流，并为客户提供个性化的服务。通常，客户基本信息变更需要客户提供相关的证明文件。

技能　变更与维护客户基本信息

一、操作准备

准备智能手机、充电宝，且智能手机、充电宝的电量充足。准备配送车辆。

二、操作步骤

步骤1：收集客户基本信息。站长收集需要变更的客户基本信息，如姓名、联系方式、地址等。

步骤2：验证客户身份。为了确保客户基本信息变更的准确性和安全性，在进行任何变更之前，站长需要验证客户的身份。可以要求客户提供用于验证身份的信息，如账号密码、验证码、身份证号码等。

步骤3：变更客户基本信息。一旦客户身份验证成功，站长可以通过后台系统或数据库变更客户基本信息。在变更过程中，确保信息输入准确。

步骤4：通知客户。变更客户基本信息后，站长应该及时通知客户。可以通过电子邮件、短信、电话等方式通知客户，并提供相关的确认信息。

步骤5：检查和测试。一旦客户基本信息变更完成，站长需要进行检查和测试，包括检查客户基本信息的正确性和测试系统的稳定性。

步骤6：备份数据。为了防止意外情况发生，在客户基本信息变更前，先备份原始数据。

培训单元2　客户服务优化

1. 了解服务优化的相关知识。
2. 掌握客户服务优化的流程与步骤。

一、服务优化

服务优化是指通过改进和提高服务质量、效率和提升客户满意度，提供更优质的服务，提升绩效的过程，包括对服务流程、服务环境和服务交互等方面进行优化和改进，以满足客户需求，并不断提高服务水平。

服务优化的目标是提高工作效率和资源利用率，提升服务价值和增强竞争力。

二、客户服务优化

客户服务优化是指企业通过加强与客户的沟通和互动，提升客户体验、满足客户需求并提高客户忠诚度的过程。

客户服务优化主要包括以下内容。

1. 提供优质的客户服务

确保客户服务质量符合客户的期望和要求，包括准确、及时、专业和良好的服务态度。

2. 提供个性化服务

了解客户的需求和偏好，针对不同客户提供个性化的服务，并根据客户反馈进行调整。

3. 加强沟通和互动
建立良好的沟通渠道，及时解答客户的问题，并在需要时主动与客户互动。

4. 快速响应和解决问题
对客户服务需求快速做出响应，并积极解决问题，使客户感到被重视和被关心。

5. 建立信任
通过建立信任和维持良好的客户关系，提高客户忠诚度。

6. 收集客户反馈和建议
定期收集客户的反馈和建议，了解客户服务需求，以便改进和优化客户服务。

7. 培训和提升网约配送员技能
提供培训机会，提升网约配送员的专业技能，使其能够更好地为客户服务。

客户服务优化旨在提升客户满意度、忠诚度和建立口碑，从而增强企业的竞争力和提升商业价值。通过不断优化客户服务，企业能够建立良好的品牌形象，吸引更多的客户，并维持良好的客户关系。

技能　优化客户服务

一、操作准备
准备智能手机、充电宝，且智能手机、充电宝的电量充足。准备配送车辆。

二、操作步骤
步骤1：提供个性化的定制服务。了解客户服务需求并提供个性化的定制服务。通过收集客户基本信息、购买历史和行为数据等，了解客户的偏好，推荐相应的商品或服务。

步骤2：优化流程和界面。优化网络平台或App的客户界面，使其更加简洁、直观和易于操作。简化注册流程、支付流程和信息输入流程等，增强使用便利性。

步骤3：优化售后服务。建立完善的售后服务体系，包括客户咨询、投诉处理、退换货服务等。确保及时响应客户服务需求，并积极解决问题，以提升客户满意度和忠诚度。

步骤4：提供灵活的支付方式。针对不同客户的支付习惯，提供灵活的支付方式，如支付宝支付、微信支付、银联支付等。确保支付安全、便捷，提升客户体验。

步骤5：定期推出优惠和促销活动。根据客户的购买历史和偏好，定期推出优惠和促销活动。通过特价商品、折扣码、积分兑换等方式，激发客户的购买欲望和提升客户的忠诚度。

步骤6：收集客户反馈。通过跟踪和回访，了解客户满意度。根据客户反馈，进行持续改进。及时处理客户反馈，保持与客户良好沟通，提升客户满意度。

培训单元3　联络客户

1. 了解通过网络平台推送的方式联络客户的相关知识。
2. 掌握通过网络平台推送的方式联络客户的流程与步骤。

一、网络平台推送

网络平台推送是指通过网络平台向客户发送信息或内容。网络平台可以根据客户的兴趣、偏好、购买历史等信息，应用算法和推荐系统等技术手段，有针对性地发送信息或内容给客户。

网络平台推送的目的是使客户更加方便地获取他们感兴趣的内容。通过分析客户的购买历史，网络平台可以了解客户的偏好和需求，从而有针对性地向客户推送新闻、文章、广告、促销活动等。

网络平台推送的方式包括短信、电子邮件、推送信息、社交媒体等。通过精准推送，可以增强客户的黏性，提升客户满意度和参与度，同时也为网络平台带来商机。

网络平台推送需要遵循保护客户隐私的原则，确保客户基本信息安全，并保障客户的选择权和隐私权。因此，在网络平台推送时，需要注意合规性和透明度，同时客户可以自主选择接收或关闭推送，以免打扰客户或引起客户反感。

二、客户联络

客户联络是指与客户沟通、互动和交流的一系列活动和过程。客户联络旨在建立和维持与客户的良好关系，提升客户满意度和忠诚度，并为企业带来商机。

客户联络主要包括以下内容。

1. 售前咨询

客户联络开始于潜在客户对商品或服务的咨询。企业可以通过电话、电子邮件、即时通信等方式解答客户的问题，提供相关信息，并帮助客户做出购买决策。

2. 销售洽谈

客户联络的一个重要内容是销售洽谈，即与客户就商品或服务的具体细节、价格等进行讨论和协商，以达成销售目标。

3. 售后服务

客户联络还包括售后服务，即在客户购买商品或服务后，提供技术支持、故障排除、维修保养、商品升级等服务。通过及时响应客户服务需求，提升客户满意度，维持良好的客户关系。

4. 客户反馈收集

客户联络也包括收集客户反馈。企业可以通过市场调研、客户满意度调查、社交媒体监测等方式，收集客户反馈，了解客户需求，改进商品或服务。

5. 客户关系管理

客户联络还包括客户关系管理，即建立和维护客户数据库，记录客户基本信息、购买历史、偏好等，并根据这些信息进行个性化沟通和开展营销活动，以提升客户忠诚度和增强营销效果。

有效的客户联络可以帮助企业建立良好的品牌形象、增强市场竞争力，并为企业带来持续的业务增长和增强盈利能力。因此，企业需要制定有效的客户联络策略，并投入足够的资源来优化和改进客户联络。

技能 通过网络平台推送的方式联络客户

一、操作准备

准备智能手机、充电宝，且智能手机、充电宝的电量充足。准备配送车辆。

二、操作步骤

步骤1：确定目标客户。明确需要联络的目标客户，如潜在客户、现有客户或细分市场的客户。

步骤2：制订推送计划。根据目标客户的偏好和购买历史，制订推送计划。确定推送频率、推送内容的类型和形式，并确保推送内容的相关性和具有吸引力。

步骤3：创建优质推送内容。编写或设计有价值的推送内容，如文章、图文、视频、优惠活动等，以吸引客户关注和激发客户兴趣。

步骤4：建立客户数据库。建立客户数据库，记录客户基本信息、购买历史、偏好等，并根据这些信息进行个性化推送，有助于提供更有针对性的推送内容，提升客户的参与度和忠诚度。

步骤5：推送。按照推送计划，通过网络平台向目标客户推送内容，确保推送内容的准确性、一致性和及时性。

步骤6：监测和分析。定期监测推送的效果，并进行数据分析，了解客户反馈，评估推送效果，进行必要的调整和改进。

步骤7：与客户互动。通过网络平台提供的互动功能，与客户沟通和互动，解答客户的问题，收集客户的意见和建议，维持良好的客户关系。

步骤8：持续改进。根据客户反馈和分析结果，不断改进推送策略和优化推送内容，增强客户联络的效果和提高客户联络的效率。

培训模块 六
管理培训

培训项目 1　团队组建
培训项目 2　培训指导

培训项目 1

团队组建

培训单元1　团队组建人员需求方案制定

1. 了解团队组建的相关知识。
2. 掌握团队组建人员需求方案制定的流程与步骤。

一、团队组建

团队组建是指为了一个项目或任务，将合适的人员组成一个团队的过程。团队组建主要包括以下内容。

1. 确定目标和需求

明确项目或任务的目标和需求，以便识别团队成员所需的技能和能力。

2. 确定岗位和职责

确定团队成员的岗位和职责，确保每个团队成员清楚自己的职责范围和工作任务。

3. 识别所需技能和能力

基于项目或任务的目标和需求，识别团队成员所需的技能和能力，包括专业知识、技术能力、沟通能力、领导能力等。

4. 招募和选拔成员

通过内部招募、外部招聘或调动等方式，选拔合适的人员加入团队，包括评估候选人的经验、技能和能力。

5. 建立沟通和合作机制

建立沟通和合作机制，确保团队成员之间良好的沟通和合作，包括定期开会、信息共享、使用项目管理工具等。

6. 培训和发展

提供培训和发展机会，帮助团队成员提升技能和增强能力，以适应项目或任务的需求和变化。

7. 团队建设和激励

通过鼓励团队合作、打造良好的工作环境和建立激励机制等，增强团队凝聚力和工作动力。

8. 监督和支持

监督团队工作的进展，并提供必要的支持，以确保团队顺利完成项目或任务。

二、团队组建人员需求方案

团队组建人员需求方案是指在组建团队时，对团队成员的数量、岗位、技能和能力要求等进行规划的方案。它是基于团队的目标和任务，结合组织的战略和发展需求，通过分析团队成员所需的技能和能力，确定团队成员的数量和类型，以确保团队工作高效地完成。

团队组建人员需求方案通常包括以下内容。

1. 岗位需求

根据团队的目标和任务，明确所需的岗位，以及每个岗位的职责和要求。

2. 人员数量

根据团队的规模、预算、工作量、效率和成本等因素，确定每个岗位所需的人员数量。

3. 人员类型

根据团队的需要和资源情况，确定是招聘全职人员，还是借调其他部门的人员、合作伙伴或人员外包等。

4. 技能和能力要求

明确每个岗位所需的技能和能力要求，有助于筛选和评估候选人，确保他们具备完成工作所需的技能和能力。

5. 招聘方式和选拔方法

根据团队组建人员需求方案，制订招聘计划，并采取适当的招聘方式和选拔方法，确保招聘到合适的人员。

6. 绩效评估和培养计划

在团队组建后，定期对团队成员进行绩效评估，并制订培养计划，以增强团队成员的能力和提高专业素养。

通过制定团队组建人员需求方案，可以合理利用团队的人力资源，确保有足够的人员来支持团队工作顺利进行，并且满足组织的发展需求。

技能　制定团队组建人员需求方案

一、操作准备

准备智能手机、充电宝，且智能手机、充电宝的电量充足。准备配送车辆。

二、操作步骤

步骤1：确定配送需求。根据过去一段时间的订单量和运力，预测配送需求。

步骤2：确定所需网约配送员的数量。考虑网约配送员的工作时间和工作量，根据新就业形态人员劳动保障要求，计算每个网约配送员每日能够完成的订单量，再根据预测的配送需求，确定所需的网约配送员的数量。

步骤3：确定招聘人数。通过历史数据和市场情况，估计网约配送员的流失率，确定招聘人数。

步骤4：考虑特殊情况。特殊情况如天气异常、节假日等可能对运力产生影响。

步骤5：分析岗位需求。对团队的各个岗位进行详细分析，包括岗位职责、任职要求等，以确定每个岗位的需求。

步骤6：撰写岗位描述和任职资格说明书。撰写每个岗位的岗位描述和任职资格说明书，详细说明岗位职责、任职要求等。

步骤7：制订招聘计划。根据岗位需求，制订招聘计划，明确需要招聘或调动的人数和岗位。

步骤8：确定招聘方式和招聘策略。确定合适的招聘方式和招聘策略，如内部招募、外部招聘等，以及选择的媒体和宣传方式。

步骤9：发布招聘信息。根据招聘方式和招聘策略，发布招聘信息，包括岗位描述、任职要求、福利待遇等，并设置招聘截止日期。

培训单元2　人员招聘

1. 了解人员招聘的相关知识。
2. 掌握人员招聘的流程与步骤。

一、招聘信息

招聘信息是指一种用于发布招聘岗位的信息内容，通常包含了招聘单位的名称，招聘岗位的岗位职责、任职要求、薪资待遇以及联系方式等信息。招聘信息的目的是吸引符合条件的人员来应聘。招聘信息可以通过多种渠道发布，如招聘网站、社交媒体、公司官方网站、报纸广告等。

二、网约配送员招聘信息模板

【案例6-1】网约配送员招聘信息模板

单位名称：××××

岗位职责

1. 负责将快递、外卖等物品按时送达。
2. 遵守交通法规，确保行车安全。
3. 根据工作安排，按时完成配送。

4. 积极参与团队合作，提高工作效率。

任职要求

1. 年满 18 周岁，具备驾驶电动车资格。

2. 熟悉所在区域道路情况，具备一定的导航能力。

3. 优先考虑有网约配送员或送餐经验者。

4. 具备较强的沟通能力和服务意识，善于与客户沟通。

5. 抗压能力强，能够适应高强度的工作。

6. 预计工作时间：××—××，可接受倒班制。

薪资待遇

1. 提供具有竞争力的薪资待遇，根据实际工作表现调整。

2. 提供良好的福利待遇，包括节假日补贴、商业保险等。

联系方式

有意者请将个人简历发送至 ××××

欢迎加入我们！

技能　组织人员招聘

一、操作准备

准备智能手机、充电宝，且智能手机、充电宝的电量充足。准备配送车辆。

二、操作步骤

步骤 1：确定需求。站长需要明确所需网约配送员的数量和具体要求，如配送区域、工作时间等，确保招聘需求与配送服务需求相匹配。

步骤 2：发布招聘信息。站长可以选择合适的招聘渠道，如招聘网站、社交媒体、招聘 App 等，发布招聘信息。

步骤 3：筛选简历。站长根据招聘需求，对收到的简历进行筛选，选择符合基本要求的候选人。

步骤 4：面试。可以采用个人面试或者无领导小组讨论（群面）的形式，对候选人进行面试。面试内容包括了解网约配送员的工作经验、工作态度、沟通能力和适应能力等方面。

步骤5：技能测试。对通过面试的候选人，进行技能测试，如驾驶能力测试、地理知识测试等，以确保其具备配送能力。

步骤6：背景调查和入职准备。站长对最终确定的候选人进行背景调查，以核实其个人信息和工作经历的真实性。同时，准备入职所需的相关文件和培训资料。

步骤7：录用和培训。确定合适的候选人后，站长发出录用通知，并安排其进行入职培训，培训内容包括公司文化、工作流程等。

步骤8：工作安排和管理。网约配送员入职后，站长需要对其进行工作安排和日常管理，包括订单分配、巡检和监督等，确保网约配送员按时完成工作，并保持良好的工作状态。

培训单元3　效率管控

1. 了解效率管控的相关知识。
2. 掌握效率管控的流程与步骤。

一、效率管控

效率管控是指对组织或个人的工作效率进行管理和控制的方法或手段，旨在提高工作效率，有效利用资源，实现工作目标，并监控和评估工作绩效。效率管控主要包括以下内容。

1. 流程优化

通过优化工作流程，取消冗余步骤，减少环节，提高工作效率，包括重新设计工作流程，改进信息传递方式，简化决策程序等。

2. 目标设定与绩效评估

明确工作目标和绩效指标，并跟踪、评估工作绩效。通过设定明确的工作目标，帮助组织或个人明确方向，调动工作积极性，并及时发现问题。

3. 资源管理与分配

合理管理与分配工作所需的资源，包括人力、物力、时间等。通过有效的资源管理与分配，可以提高资源利用率，避免资源闲置与浪费。

4. 技术与工具应用

应用适当的技术与工具，包括自动化软件、工作流程管理系统、通信协作工具等，提高工作效率和降低错误发生率。

5. 沟通与协作

建立良好的沟通与协作机制，促进信息共享与团队合作。有效的沟通与协作可以减少差错和重复工作，提高工作效率。

6. 工作氛围营造

营造积极向上的工作氛围，激发员工的工作热情和创造力。良好的工作氛围有助于提高工作效率和工作满意度。

二、效率管控方案制定

制定效率管控方案需要考虑以下因素。

1. 配送形态

不同的配送形态包括快递、物流、货运等。每种配送形态都有其特点和需求，可以根据不同的配送形态来制定效率管控方案。

2. 配送工具

根据不同的配送形态，选择适合的配送工具，如汽车、船舶、飞机等。合理选择配送工具，可以提高配送效率并降低成本。

3. 配送路线

应用技术手段，如地图导航、交通流量监控等，规划配送路线，避开交通拥堵路段，从而提高配送效率。

4. 仓储管理

在配送过程中，仓储管理也是重要的因素。应用先进的仓储管理系统，实现货物存储、出库和配送自动化，提高配送效率和准确率。

5. 调度计划

合理的调度计划可以确保配送按时完成，避免资源浪费和配送延误。根据订单量、交通状况等因素，合理分配订单。

6. 数据分析与优化

通过分析配送数据，发现潜在的问题，并进行优化。例如，通过数据分析，确定高峰时段和平峰时段，合理配置资源，提高配送效率。

7. 跟踪与监控

在配送过程中，实时跟踪与监控可以确保物品安全和按时送达。应用物联网、GPS定位等技术手段，实现物品的全程监控，并及时调整以应对突发状况。

综上所述，制定效率管控方案需要综合考虑配送形态、配送工具、配送路线、仓储管理、调度计划、数据分析与优化、跟踪与监控等因素，以提高配送效率和降低成本。

技能　制定效率管控方案

一、操作准备

准备智能手机、充电宝，且智能手机、充电宝的电量充足。准备配送车辆。

二、操作步骤

步骤1：了解配送形态。对不同的配送形态有清晰的了解，包括特点、优势和劣势。

步骤2：确定关键指标。根据配送形态的特点，确定关键指标，如配送时间、准时率、送达率、成本等。

步骤3：收集数据。通过调研、统计、实地观察等方式，收集数据，如配送时间、准时率、送达率、成本等。

步骤4：分析评估。基于收集的数据，进行分析评估，找出目前存在的问题。例如，是否存在配送效率低下、成本过高等问题。

步骤5：制定效率管控方案。根据分析评估结果，制定效率管控方案，明确需求和目标，并提出改进措施。例如，优化配送路线，应用先进的物流设备和技术手段，合理调配运力等。

步骤6：实施和监控。实施效率管控方案，及时跟踪和监控实施效果。根据实施效果，进行调整和改进。

步骤7：持续改进。效率管控方案需要持续改进和优化，发现问题及时解决，提高配送效率和管理水平。

培训项目 2 培训指导

培训单元 1 每日例会召开

1. 了解每日例会的相关知识。
2. 掌握召开每日例会的流程与步骤。

一、每日例会

每日例会是指在工作日开始或结束时,召集团队成员召开的会议。每日例会通常由团队负责人主持,目的是及时沟通、协调和分享工作进展,以确保团队成员理解工作目标、任务和计划,并促进信息交流与协作。

在每日例会中,团队成员汇报自己的工作进展、遇到的问题和需要的支持,同时了解其他成员的工作进展,以便提供帮助。每日例会一般时间较短,通常为 15~30 min,以确保高效地传递信息和解决问题。通过每日例会,团队成员可以对整体工作进展有更清晰的了解,提高工作效率,并及时调整工作计划。同时,每日例会也有助于增强团队的凝聚力和促进合作,提升团队的整体绩效。

二、每日例会内容

每日例会通常包括以下内容。

1. 工作进展报告

团队成员报告前一天的工作进展，包括完成的任务、遇到的问题以及需要协调解决的事项。

2. 问题讨论

针对前一天工作中出现的问题进行讨论，团队成员可以提出建议或意见，共同制定解决方案。

3. 工作计划调整

根据团队成员的工作进展和问题讨论的结果，调整工作计划或任务分配，确保工作按时顺利完成。

4. 资源需求和支持

团队成员提出所需的资源或支持，如技术支持、培训、设备等。

5. 分享信息和知识

团队成员分享有关行业动态、最新技术或其他团队成员可能感兴趣的信息和知识。

6. 下一步行动计划

通过每日例会，确定下一步的工作重点和行动计划，明确每个团队成员的责任和目标。

7. 其他事项

讨论其他与团队相关的事项，如会议安排、团队活动等。

技能　组织召开每日例会

一、操作准备

准备智能手机、充电宝，且智能手机、充电宝的电量充足。准备配送车辆。

二、操作步骤

1. 每日例会主题

周一至周五，每日 1 个主题，如安全驾驶、危机管理、服务规范、沟通技巧、价值观。

2. 每日例会时间

建议每日例会时间为 30±5 min（可根据实际情况调整，每日例会时间不宜过长）。

3. 人员分工

站长：组织网约配送员按照流程召开每日例会，同时配合安全督导，进行每日例会全流程复盘检核。

安全督导：参与检核每日例会，将每日例会内容以视频/照片形式保存，并计入台账，同时按要求向安全督导小组长报告每日例会内容。

4. 每日例会流程及要求

步骤 1：清洗外卖箱。

（1）清洗要求

时间：每日例会前 30 min。

责任人：站长。

清洗对象：站内所有网约配送员使用的外卖箱。

工具：水桶、抹布。

水桶：用颜色区分内外抹布水桶，按 15 人/桶的比例配置。

抹布：内抹布为白色，外抹布为黄色，按 2 块/人的比例配置。

消毒用品：75% 医用酒精，按 15 人/喷壶的比例配置。

（2）清洗流程

打开外卖箱，清理外卖箱内杂物→将干净的内外抹布分别放于内外抹布水桶内浸湿→用拧干的内抹布（白色）擦拭外卖箱内部，擦拭顺序为先两侧，然后底部，再箱盖内部→用拧干的外抹布（黄色）擦拭外卖箱外部，擦拭顺序为先顶部，然后四周，再底部→反复擦拭，直到外卖箱内外无油污、无灰尘、无异味→用装有 75% 医用酒精的喷壶，对外卖箱内外喷洒消毒→消毒完毕后，打开箱盖通风、晾干→使用抹布后，需统一收回，将内外抹布分别清洗、晾晒，并整齐放置于物料区→消毒人员填写消毒登记表，由站长确认。

步骤2：列队、点名。

（1）网约配送员按照身高排列整齐。如果人数较多，可以排2～4排。

（2）将清洗好的外卖箱放在网约配送员面前，排列整齐。

（3）站长清点到岗网约配送员，记录迟到、未到岗情况，保证出勤率。

（4）站长可以自行制定迟到、缺勤处罚条例。

步骤3：检查仪容仪表、外卖箱、配送车辆及携带物品。

（1）形象要求

网约配送员（男士）头发不过耳、面部清洁、不留胡须、不留长指甲、不佩戴超过1个戒指，不染发或者文身外露（女士不染指甲）。

网约配送员上身着指定服装，扣紧头盔，下身着黑色长裤、黑色鞋，不穿短裤，不上卷衣袖、裤管，不穿凉鞋、拖鞋、洞洞鞋。

（2）健康证及外卖箱要求

网约配送员需随身携带健康证（或回执单）复印件。

外卖箱表面无灰尘、无破损，内部干净、无杂物、无异味。

（3）配送车辆及携带物品要求

配送车辆表面干净整洁，无闸线松动、后视镜损坏、脚踏损坏等安全隐患。不能携带违禁品，包括但不限于剪刀、裁纸刀、水果刀等管制刀具及易燃易爆品。

步骤4：通报前一天数据。

（1）表扬前一天订单量较大的网约配送员，提升团队士气。

（2）按照订单超时情况进行问题宣讲。

（3）对于前一天出现取消订单、严重超时订单、差评订单进行分析。

步骤5：解答问题。

步骤6：情景演练。

（1）站长设定不同情景，选择网约配送员进行全程或部分过程演练，其他网约配送员观摩并指出问题。

（2）由站长领头复述标准话术，网约配送员复述并做出相应动作。

步骤7：安全宣导。

由安全督导在检核当日进行宣导。

培训单元2　岗前培训

1. 了解岗前培训的相关知识。
2. 掌握岗前培训的流程与步骤。

一、岗前培训

岗前培训是指在员工正式上岗前，对其进行相关岗位所需的知识、技能和态度方面的培训。岗前培训旨在使员工更好地适应新的工作环境，掌握必要的工作技能，提高工作效率和工作质量。

岗前培训包括公司的组织架构、文化价值观以及各项规章制度培训，具体岗位的工作流程、操作规范培训，相关技能培训如沟通、团队合作、问题解决等，以及安全、卫生和紧急情况处理等方面的培训。岗前培训有助于增强员工的工作能力和提高专业素养，增强他们对工作的理解力和认同感，提高团队的综合素质和业务水平。

二、网约配送员岗前培训内容

网约配送员岗前培训通常包括以下内容。

1. 公司介绍

向网约配送员介绍公司的背景、业务模式、发展规划等，使其对公司有全面的了解。

2. 岗位职责

明确网约配送员的工作内容和岗位要求，包括订单接收、配送流程和客户服务等。

3. 配送技能

培训网约配送员操作配送车辆，如电动车、摩托车等，掌握良好的驾驶技巧、安全行车知识以及紧急情况处理方法。

4. 交通法规

培训网约配送员遵守交通法规，认识安全驾驶的重要性，增强其交通安全意识。

5. 物品包装与保护

培训网约配送员正确包装物品、妥善保护物品的方法，确保物品安全送达，并防止损坏或丢失。

6. 客户服务技巧

培训网约配送员掌握与客户沟通的技巧，保持良好的服务态度以及增强解决问题的能力，提升客户满意度。

7. 导航设备和软件应用

培训网约配送员应用配送管理软件、导航设备等，熟悉操作流程和相关功能，提高配送效率。

8. 应急处理与纠纷解决

针对紧急情况，培训网约配送员快速反应和处理，以及投诉或纠纷的解决方法。

9. 特殊情况处理

培训网约配送员在恶劣天气、交通拥堵等特殊情况下采取应对措施，保证按时完成配送。

10. 健康与安全知识

强调保护自身健康和安全的重要性，讲解相关的健康知识和防护措施。

通过网约配送员岗前培训，使网约配送员更好地理解岗位要求，掌握必要的技能和知识，并提高服务质量和配送效率。

技能操作

技能　组织新入职网约配送员岗前培训

一、操作准备

准备智能手机、充电宝，且智能手机、充电宝的电量充足。准备配送车辆。

二、操作步骤

1. 进行新入职网约配送员岗前培训

步骤1：岗位介绍和规章制度培训。向新入职网约配送员介绍岗位职责和要求，包括订单接收、物品配送、客户服务等方面的内容。同时，明确公司的规章制度、工作流程和行为准则，确保新入职网约配送员理解并遵守相关规定。

步骤2：基础知识培训。对新入职网约配送员进行基础知识培训，包括交通法规、安全驾驶知识、物品包装与保护方法、急救技能等。增强网约配送员的安全意识，提升其操作技能，确保安全完成配送。

步骤3：使用配送车辆培训。根据使用的配送车辆（如电动车、自行车等），对新入职网约配送员进行使用方法、操作技巧和日常维护保养方法等培训，使新入职网约配送员熟悉配送车辆的特点和操作流程，提升其驾驶技能，提高配送效率。

步骤4：应用工具和软件培训。对应用定位软件、导航设备和App等进行培训，包括操作流程、各功能模块的使用方法等，使新入职网约配送员熟练操作相关的工具和软件，提高配送效率和准确率。

步骤5：客户服务技巧培训。培训新入职网约配送员与客户沟通的技巧，包括礼貌待人、解决问题的能力、处理投诉与纠纷等，提高新入职网约配送员的服务质量和提升客户满意度。

步骤6：应急处理培训。针对异常情况和突发事件，对新入职网约配送员进行应急处理培训，包括在恶劣天气、交通拥堵等特殊情况下的应对措施，使新入职网约配送员快速反应，并妥善处理各种紧急情况。

步骤7：考核和实操训练。在完成上述培训后，进行考核和实操训练，以检验新入职网约配送员是否掌握了必要的知识和技能。通过考核和实操训练，进一步增强新入职网约配送员的能力和信心，并确保其胜任配送工作。

2. 组织新入职网约配送员岗前培训

步骤1：新入职网约配送员注册培训。新入职网约配送员注册培训是指新入职网约配送员注册时需要完成的培训。新入职网约配送员注册培训内容包括业务介绍及配送流程介绍。

步骤2：新入职网约配送员线上培训。新入职网约配送员线上培训是指新入职网约配送员累计完成订单达到一定数量（如30单）之前，需要完成的培训。新入职网约配送员线上培训内容包括配送及申诉规则、异常场景处理流程、健康证办理、保证金提现等新入职网约配送员需要掌握的基本规则和安全知识。

步骤3：新入职网约配送员线下培训。新入职网约配送员线下培训是指新入职网约配送员累计完成订单达到各城市设定的订单量标准之前，需要完成的培训。新入职网约配送员线下培训包括以下内容。

（1）如何增加收入（派单、接单相关工具的使用，奖励与活动，主要扣款项）。

（2）如何更好地解决问题（智能客服使用方法、服务商及站长联系方式）。

（3）如何更安全地配送（相关安全知识）。